小学校

必ずうまくいく

スリー・ステップでものにする

授業のすご技34

佐藤正寿・著

フォーラム・A

目次

中級編

授業スタイルにこだわってスキルアップ　95

発展編

授業で子どもを育てるために意識したい8つの視点　153

はじめに　授業とは何か

「授業とは何か」と問われれば皆さんは何と答えるだろうか。
私の答えは極めてシンプルだ。
「教えたい内容を、工夫した方法で指導し、子どもたちに力をつける場」というものである。授業に臨む教師は、「教える内容」「工夫した方法」を事前に準備し、結果的に「力をつける」ものにならなければいけないのである。

教材研究が指導法に結びつく

「教えたい内容？　教科書に書かれているのでは？」と思われるかもしれない。

また、「教材研究＝発問づくり」と考えている人もいるかもしれない。研究授業の事前研究会をすると、「こんな方法でしたらどうか」という方法論のオンパレードになるときもある。

しかし、同じ教材でも授業者が異なれば学習のねらいも異なってくる。

たとえば教科書に詩が掲載されている。「七五調のリズムで暗唱させることに重点を置こう」という教師もいれば、「詩の読み取り方を中心に教えよう」という教師もいるだろう。

それぞれ教材研究の結果である。

そして、この教材研究の結果が、授業での指導法に結びつく。「暗唱に重点を」という授業だったら、暗唱させるためのさまざまな指導法を準備しておく。「ひたすら繰り返す」というワンパターンでは、子どもは当然飽きてしまうし、効果も上がらない。

指導技術や考え方を学ぶ意義

授業中の教師の指導行為は一体どれぐらいあるだろうか。

「発問をする」「指示をする」「説明する」「板書をする」「指名する」「机間指導をする」「ノート指導をする」「資料を提示する」「辞書を活用させる」……授業を構成する具体的な行為だけでも次々と出てくる。

さらに、「話の聞き方を教える」「つまずいている子に教える」といったような学習ルールや子どもたちへの対応方法の指導行為を加えたら、一時間だけでも実に多くの指導行為をしていることとなる。

書店の教育書コーナーに行くと、「発問」「板書」「ノート指導」といった本が並ぶ。一項目の内容が一冊の本になるくらいであるから、実に多くの優れた指導法があることになる。それらは、知らないよりは知っていた方がはるかによい。

たとえば作文の発表をするとき、全体で行うよりもグループで行う方が効果的なときがある。場合によってはペアの方がさらによいということもあるだろう。

このように多くの指導法を知っていることにより、授業での教師の指導行為の選択肢は増える。それは授業の幅を広げるだけではなく、その時間のねらいに向けてよりよい道を歩くこととなる。

ただし、その指導法の形だけを覚えるのではなく、指導意図まで意識した方がよい。指導技術やその技術の考え方を学ぶ意義はここにある。

明確な評価の基準をもつ

授業では教師の指導した結果、子どもたちに目標としている力がつかなければいけない。「授業力がある教師」とは結果的に子どもたちに力をつけさせることができる教師である。そのためには子どもたちに力がついた理想の状態を、教師がイメージ化できることがポイントである。

たとえば、「この単元でできる力がついたと言えるのは最後の計算問題を九割以上解けたとき」「この時間の最後に、農薬が必要か否か理由をつけてまとめて書けたとき、考える力がついた状態である」というように判断基準が明確なものが望ましい。

その理想の状態にもっていくためには、一単元あるいは一時間の授業の組み立てが重要になってくる。

その点では一単元や一時間の自分なりの授業スタイルをもっている教師は強い。

授業技量を上達させるために

子どもたちが「おもしろい」「楽しい」「また学びたい」と思う授業を今まで目指してきた。たとえば、未知のことを知る、学ぶ楽しさを知るということだ。今までわからなかったことが教師の説明や友だちの発表によって「あっ、そうか！」「わかった！」という声をあげる、討論に熱中をして休み時間がきても「続きをしたい」と思う……そのような授業である。

いわば「知的なおもしろさや楽しさ」を追究する授業である。

そのような授業をつくっていくためには、先に示した教材研究や指導技術、そして自分なりの授業スタイルをもつことは不可欠である。むろん、授業はそれらだけでは成り立たない。教師と子どもとのよりよい関係づくり、学習活動でのルールづくり、子どもたちが安心感をもつような学級の雰囲気づくりといったことも必要であろう。それらが土台となって、授業は成り立つ。

そして、指導技術や授業スタイルも「これで完成」ということはない。たとえば、発問の原則を身につけて一定のレベルに達しても、教材や子どもたちが変われば新しいものをつくり出す必要が出てくる。授業スタイルも「完成版だから」と固定化させてしまうと、子どもたちの変化にも対応できず新鮮さも失われてしまう。

私たちが授業に関わる新しい情報を常に得て、教材研究を深めたり、指導技術を磨いたりする過程を継続すること自体が、地道ではあるが授業技量を上達する王道なのである。

初級編

授業の基礎技術をおさえる

1

指名

方法の数だけ子どもをいかせる

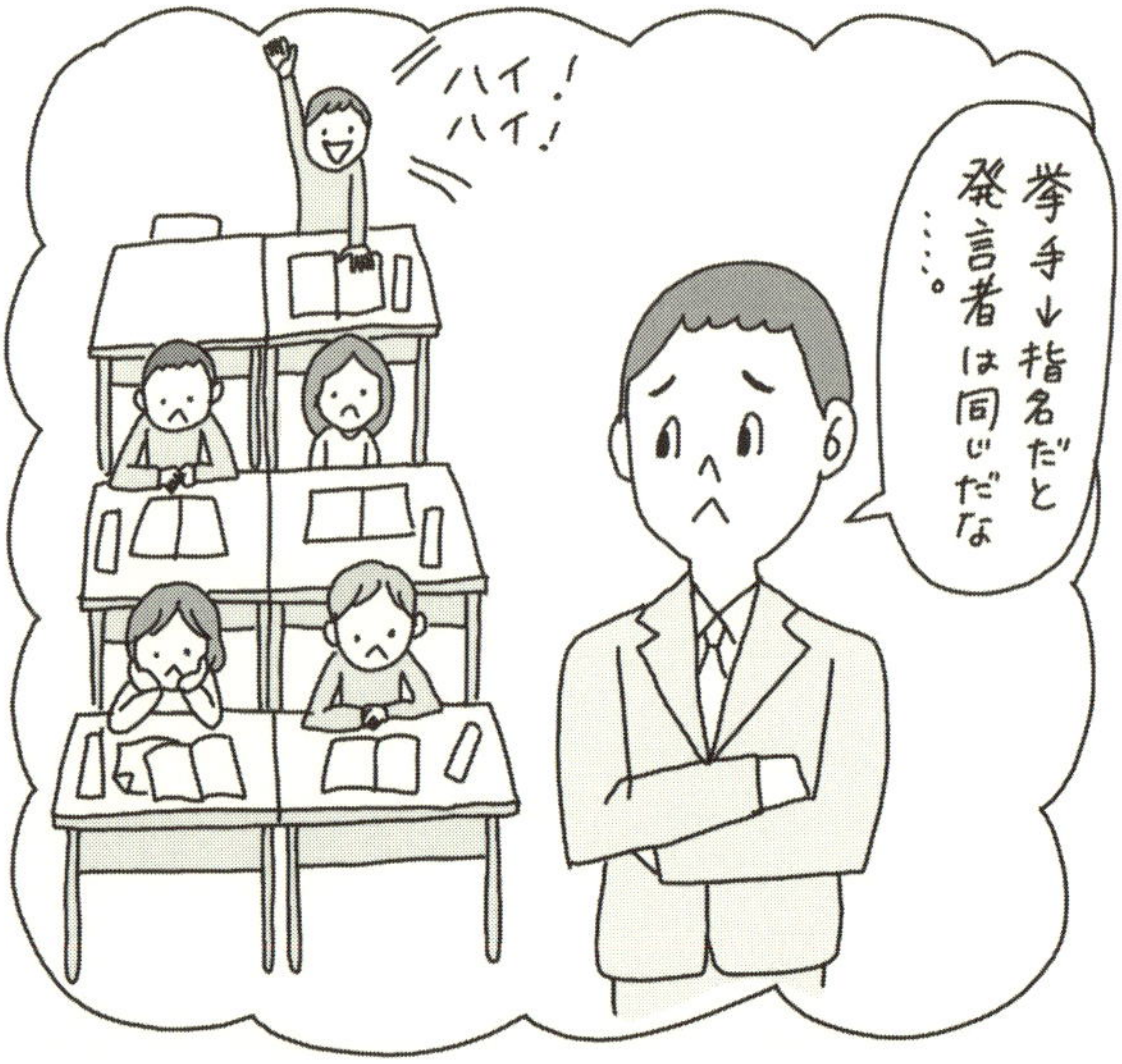

サイン指名

数指名

「学習活動に応じた指名方法」を用意する

「これがわかる人?」と問うと何人か挙手。「では、さとしくん」

指名方法が常にこのような「挙手→指名」のワンパターンであれば、発言者は固定化してしまう。

また、たくさん発言させたいときに、一回ずつ挙手→指名では何とも効率が悪い。

そこで、「指名はしません。どうぞ」と自由に発言させると、すぐに子どもたちから反応が出てくる。授業に活気が生まれる。しかし、発言数が多くて聞き取りにくかったり、元気のいい子の発言ばかりがよく聞こえ、小さな声の子の発言はかき消されたりしてしまう。

このようなケースを見ると、「学習活動に応じた指名方法」を用意することの大切さを感じる。

指名は「授業の流れをつくる重要な行為」である。どんどんとテンポよく発言を続かせたい場合の指名方法。じっくりと考えさせるときの指名方法。ポイントで特定の子を意図的に指名する方法。ときには指名しないで発言させる場合もある。それらを使い分けることによって、教師が意図する「授業の流れ」をつくり出すことができるのである。

学習活動に応じた指名パターン

ではどのような指名パターンがあるのか。私は次のように使い分けている。

学習活動に応じた指名パターン

■ **数指名・列指名・完全挙手指名・自由発言・サイン指名**

①「数指名」……答えの数が少ない子から優先指名

たとえば、社会で「『武士の館』の図を見て気づいたことを書きなさい」と指示をする。子どもたちはどんどんノートに書き込んでいく。十個以上を書く子もいれば、少ししか書けない子もいる。教師はできるだけ多くの子の考えを発表させたい。

こういうときに、たくさん書いている子は発言に積極的な子が多い。それに対して、書いている数が少ない子は書いている内容に自信がない子が多い。「挙手→指名」のパターンで行うとどうしても自信がない子は挙手を避けたがる。

そこで、「一つ書いた子は起立。発表しましょう」と言う。発表が終わったら続いて、「二つ書いた子、起立」と指名する。発言の少ない子を優先するのである。自信がない子でもノートに何かしら書いているものである。優先的に発表させることによって、発表の機会を保障させることになる。むろん、多く書いている子はそれまで発表されていない内容を発表する。「多くの考えを発表する」ということが、より多くの子どもたちを指名しながら効率的にできる指名法である。

②「列指名」……曜日によって指名する列を決めておく

子どもたちに計算プリントの問題を出す。答えを順番に機械的に発表させたいという場合に使う。たとえば、教室の窓側から一列目が「月曜日の列」、二列目が「火曜日の列」、三列目が「水曜日の列」……というように決めておく。その日が月曜日だったら、一列目の一番前の子から指名をする。一人一問ずつ答えるパターンであれば、次は後ろの子が答える。一番後ろまで行ったら、今度は二列目に移動する。

「機械的に指名する」といってもどうしても偏りが出やすい。この方法だとその偏りを防ぐことができる。また、子どもたちも自分が発言する順番がわかるので、スムーズな流れで発表ができる。

③「完全挙手指名」……全員必ずどれかに挙手できる問い

「AとB、どちらに賛成か。手を挙げなさい」「三つのうち、どれかを選びなさい」というように必ず挙手させる。全員が完全に授業に参加する（この場合、基本的には必ずどちらかに手を挙げられる問いにする）。

そうすると立場が明確になるので、「まずはAの立場の人に発言させたい」「Bの立場の人に反論させよう」というように話し合いの場面で効果的な指名ができる。

④自由発言……指名せず子どもたちに発言

たとえば、社会で「ごみの有料化に賛成ですか。反対ですか。理由をつけて発表しなさい」と問う。「自由にどうぞ」という教師の発言が自由発言の合図である。

発言したい子はすぐに立って「私は賛成です。有料化になるとごみが減ると思うからです」「私は反対です。有料でごみの捨て方のルールが守れなくなるかもしれないからです」というように、子どもたちはテンポよく次々に発言していく。指名する必要もないので板書もしやすい。

⑤サイン指名……発表の準備ができる

「発表に自信のない子をいかに励まして指名するか」という願いから行う指名法である。たとえば、机間指導のときに、指名したい子に、「『一番目に発表ね』と耳打ち」「肩たたき」「ノートを指さす」といったサインを出し、指名を予告する。発表に自信のない子にとっては心の準備となる。その子は、発表前に必死にノートを読んだり、発表する内容を考えたりする。実際の発表では落ち着いて話すことができる。

一般的な指名法である「挙手→指名」以外にも、このように学習活動に応じて指名法も変わってくる。なお、「なぜこういう指名方法にするのか」と理由をつけて子どもたちに話すとよい。子どもたちも教師の指名方法の意図を理解すれば、スムーズな発言ができるようになる。

2

板書

苦手から脱出する方法

黒板に書かせるのも一つの工夫

消防署への質問を書いてみよう
○何人の
○火事がおき
○火事がないときはどんな仕事をしているのか

板書の効果とは

授業における板書には次のようにいくつもの効果がある。

・図解したり、必要な情報を貼ったりして、教師の説明の補助ができる
・ノートに書く見本を提示できる
・子どもたちの発言を記録化できる
・ポイントを書くことによって、学習内容を整理することができる

板書の得意な教師は、一時間の中にこれらを上

板書がうまくなるヒント

- 丁寧に正しく書く
- 記号、囲み、色チョークを使う
- 定規を使う
- グッズを用意する
- 黒板を子どもに開放する

手に活用している。学習課題を板書して集中させたり、子どもたちの発言をコンパクトにまとめたりする。強調部分は色チョークや図解したりする。コピーした写真や教師作成の紙板書を黒板に貼って理解を深める。

よく「板書を見れば一時間の流れがわかる」と言われる。たしかに板書が上手な人の黒板は一時間の学習の軌跡を表現した「作品」のようである。

板書が苦手

板書の意義は先の通りであるが、私自身は板書が苦手である。一番の原因は自分の文字の下手さ加減にある。初任のとき、他学級の黒板に書かれていた文字の美しさを見て、何度も羨ましく思った。それでも板書をしない日はない。「子どもたちのためにも、文字が下手でも努力はしなければ……」と思っていた。

いちばん役立ったのは研究授業だった。前日に子どもがいない教室で、一人でリハーサルをする。一通り、発問・指示・板書を指導案の流れに沿って行う。「黒板のここから書き始めるといいな」「まとめは赤チョークで囲んで強調しよう」と、書き終わった板書を見て自己修正をするようになった。

自分で興味が出てくると「板書の視点」もできてくる。「課題やまとめの書き方」「記号の使い方」といったことだ。これは他学級の研究授業の板書を見るときにもいきた。

苦手な教師の板書方法

さて、板書が苦手な自分がとくに心掛けている点は次の二つである。

①「丁寧に正しく」板書する

美しく文字は書けなくても、「丁寧に正しく」は誰でも書くことができる。子どもたちも教師の板書のしかたを真似することを考えたら、これは不可欠である。

板書の文字は上手でなければならないということはない。もちろん上手にこしたことはないが、最低限読みやすく書かれていることが条件であろう。字が下手な私は一年生を担任したときに「ひらがなだけでも上手になろう」と決め練習をした。ひらがなは文字数も限られているから、これは効果があった。あとは縦横まっすぐに書くことや囲むときには大きな定規できちんと線を引くようにした。これらだけでも板書は変わる。

②授業終了時に「一時間の授業内容がわかりやすく表現されている板書」にする

また、子どもたちが板書の何をノートに写すかは教科ごとに決めておくとよい。

たとえば、「算数では、問題・課題・まとめは必ず写す」「社会のときには、友だちの発表で大事と思ったものは写す」「理科では、班ごとに実験結果で板書されているものは必要があったら写す」

というように決める。そうしなければ、「先生、(板書を)写すんですか?」といった質問が出てきたり、「ひたすら板書を写す学習」に陥ったりすることになる。

当然のことではあるが、教師は板書計画を準備する。ノートに実際に書いておけば申し分ないが、時間がなければ頭の中で「今日は黒板を上下に分けて使ってみよう」「中心に日本地図を書いてそこに書き加えよう」と構想するのだけでもよい。

わかりやすく表現されている板書の基本は、「記号」「囲み」「色チョーク」の工夫である。矢印・丸・星の記号を使う、重要部分を四角で囲んだり、赤や黄色のチョークで書いたりするということである。これらが入るだけで、板書もずいぶん変わってくる。ノート指導の基本と同様であり、板書がそのままノート指導を兼ねることとなる。

発想を変えてみる

①子どもに書かせる

板書は何も教師だけが書くものではない。子どもたちに開放してみよう。自分の考えを子どもたち自身が黒板に書くのである。授業が一気に活性化する。

とくに子どもの意見をストレートに全体に伝えるときが効果的である。

たとえば、社会科で消防署についての質問を考えたら、それらを黒板に書かせる。子どもが発表し、教師がそれら一つ一つを板書するよりはるかに効率的である。さらに、「出てきた消防署の質問で似たものをグループにしよう」と指示をすれば、「これらは働いている人に関わること。①としますす（子どもが書いた文の上に「①」と板書）」というように子どもたちの書いた質問の分類化もできる。

理科の実験結果を班ごとに一覧表にさせたりすると簡単に比較できるし、運動会のスローガンを全員分書かせ、一つを選ぶというときにも便利だ。

②グッズを準備する

板書に関わるグッズは板書効果を高める必需品である。

たとえば、「マグネット付きの小黒板」を準備しておけば、子どもたちが自席で考えを書き、そのまま黒板に貼り付けることができる。

指示棒は通常は一つしかないであろうが、発表者が複数の場合には指示棒をたくさん準備しておくと便利である。

「黒板の開放」や「グッズの準備」は、板書が苦手な教師でもすぐにできる。いや、むしろ苦手な教師であれば、このような発想法で黒板を有効活用する方法を積極的に取り入れるべきだ。

大事なのは「自分の身の丈にあった黒板の活用法をする」ということである。板書の得意な教師はその得意技をフルに活用する。苦手な教師は、できることをひと工夫すればいいのである。

3

発問

自分なりの発問づくりの道を見つける

思考を促す発問

優れた発問を知る

「発問」は子どもたちの思考を促す教師の指導行為である。発問がない授業は説明ばかりの講義調になり、子どもたちは教師の話を聞くだけになりがちだ。また、発問はしていても、子どもたちの反応が乏しく活気のない授業もある。それはやはり発問の善し悪しに関係している。

自分が初任だった時代（一九八〇年代半ば）、教育雑誌ではしばしば「発問論」が取り上げられていた。難しい教育理論より、授業に直結した発問特集が多く、明日の授業にも困っていた自分はそれらの特集を貪り読んだものだった。

その中で、「なるほど、こうやって発問はつくるものなのか」というものに出会った。有田和正氏（当時筑波大学附属小学校）の「バスの運転手」に関わる発問である。

バスの運転手の仕事についての発問なら、一般的には「バスの運転手さんの仕事は何ですか」や「バスの運転手さんはどんな仕事をしていますか」となるであろう。既有の知識を問う発問である。当然、運転手の仕事について知っている子しか反応できない。

有田氏の発問は違っていた。「バスの運転手さんは、どこを見て運転していますか」というものである。「見えるもの」という知覚語を使うことによって、子どもたちの豊かな反応が引き出される発問であった。

これは当時行われていた二年生の社会の発問であったが、三年生の自分の学級で試してみた。最

発問づくりの原則

- 教材研究
- 先行実践から学ぶ
- 授業の反応を積み重ねる

初は「前を見て運転している」という答えに続いて、「標識も見ている」「信号も見ている」「歩行者」「天気」「横の車」「止まったときは料金箱を見る」「バックミラー」「サイドミラーも見る」……というように次々と反応があったのに驚いた。

「子どもたちの思考を活性化させる優れた発問」のすばらしさを実感したものだった。

思考を活性化させる発問の「原則」

優れた発問のすばらしさを知ってからは、どのような優れた発問があるのか追究したくなる。教育雑誌や書籍、授業参観などを通して情報を収集していった。とくに自分の得意教科である社会については熱心に行った。

文献の数も多くなると、それらの発問の「原則」らしきものが見えてくる。たとえば「学校にある水道の蛇口はいくつか」という発問をしたら、最初は「二〇」「三〇ぐらい」と少なめに出す。ところが、「手洗い場だけではなく、家庭科室にもあるよ」「トイレにもたくさんある」という発言が出てきて、予想段階で授業が大いに盛り上がった。教師から「調べましょう」と言わなくても、「先生、実際に調べたらいいよ！」という声が自然に出てくる。ここから、「わかりそうで正確にはわからないものを『いくつ』と理由をつけて予想させる」という原則を実感できるわけである。

原則が見つかると別の学習内容でも応用が効くようになる。たとえば、社会科では次のようなものを見つけることができた。

・人を問う

「米の値段は誰が決めるのか」

・提案をさせる

「交通安全のための施設を一つ増やします。あなただったらどこに何を増やしますか」

・選ばせる

「家庭から出すごみは有料がいいか、無料がいいか」

・一見矛盾に思われることを問う

「交通事故を減らす工夫をしているのに、なぜ事故は減らないのか」

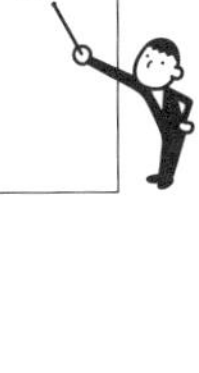

算数の授業でも思考を促す発問にこだわった。子どもたちが自分なりに問題を解く。何人かの子が解き方を全員の前で発表する。それぞれ解き方は異なっている。その後、どのような発問で子どもたちの考えを深めるかという研究をした。たとえば次のような発問で考えさせた。

・共通性を問う

二つの考えで似ているところはどこか

・よさを問う

Aさんの解き方のいい点は何か

POINT!

第一発問の原則
- ■ みんながどんどん発言できるもの
- ■ 助走的な軽いもの

・簡潔性を問う
これらの解き方のうち簡単にできるのは何か
・有効性を問う
いつでもこの考えは成り立つのか

「今回の発問では二つの解き方の共通する部分を考えさせよう」といった教師の意図が明確になれば、発問もぶれない。原則を知っている強みである。

「その教材ならでは」の発問

教材研究をしたからこその発問がある。

社会科で「火事を防ぐ」の学習のために、消防署に取材をしたときのことである。

火事になったときに消防士が現場にかけつける。消火活動に入るのはもちろんであるが、同時に人命救助のために逃げ遅れた人がいないかどうか、すぐに確認するということを知った。この事実から、「消防署の人々は火事のときに、最初に何をするでしょうか」という発問をつくった。取材をしていなければ、思い浮かばなかった発問である。

「その教材ならでは」の発問は、どの教科でも出てくるであろう。教材研究のし過ぎはない。

発問の順番を

教師の第一発問は重要である。スタート時点で子どもたちに難しい発問をして、学級全体が重い雰囲気のままスタートする授業がある。それに対して、子どもたちから次々と発言が出て、活気あるスタートの授業もある。

私は最初の発問は「助走」のようなものだと思っている。ゆっくりでいいから、子どもたち全員をまずは走らせて、次の段階に進ませなければいけないと考えている。たとえば、社会科の絵や写真を示したときには「何が見えますか」と問う。これならば子どもたちも見えるものを答えるだけだから、簡単である。「大きな屋敷が見える」「武士がたくさんいる」「馬も多い」というようにどんどん言える。

このような助走発問はどの授業でも用意しておくべきだ。どんどん子どもたちが発言した分、子どもたちに必要な情報が加わっていく。

原則を見つけるにしろ、その教材独自の発問を見つけるにしろ、大事なのは自分なりの発問づくり研究の道を見つけ、歩くことである。今まで教育の先達が数多くの発問を残してきた。今はインターネット上でも多くの発問を検索できる。それらの先行実践を研究し自分で発問を選んだり考えたりする。授業の反応から原則を見つけ実践を積み上げていく。それが王道なのである。

4 指示

原則を見つけることの大切さ

指示の果たす役割

「発問の後の指示が重要だ」ということは常に意識しておきたい。

たとえば、理科で地層の写真を見せる。「この写真から気づいたことは何か」と発問した後に、適切な指示を出すことが大切である。「発表しなさい」でも「ノートに書きなさい」でもいい。大事なのは、「子どもたちが何をすべきかわかる指示を出す」ということである。

また、発表やノートに書かせるだけではなく、「隣同士で話し合いなさい」「三つ見つけたら挙手しなさい」といったことも考えられる。指示内容が子どもたちの学習活動を規定するという点でも重要であることを示している。

優れた発問でも、指示が不明確だったために子どもたちの考えが十分に引き出されないということもある。たとえば、発問後すぐに挙手した一部の子のみ指名して進める授業はその一つである。「ノートに書きなさい」の指示があれば、全員の思考が促されるのになあ……と参観していて思う。こう考えていくと「学習の効率化」「活動の明確化」「思考活動の深化」という点で指示の果たす役割は大きい。

指示の原則

私が留意している指示の原則は次のような点である。

①「短くはっきりと」が基本

A「じゃあ、みんなね、ノートに書いてください。書くときは、最初の一マスをあけて書くんだったね。では、書いて」

B「ノートに書きなさい。最初の一マスはあけます」

同じ内容の指示でもAとBでは随分違う。むろん、Bの方が子どもたちにとって明快である。語尾を「〜しなさい」「〜しましょう」とはきはき言うだけでだいぶ違う。

指示するときに入れる４要素
■数・人・物・比喩

②目安やイメージがわくものを入れる

「三分で五つ以上書きなさい」「忍者のように音を立てずに走ります」「（一番後ろの）美樹さんに聞こえる声で発表しなさい」といった指示であれば、目安がわかったり、イメージがわいたりする。単に行動を指示するだけではなく、「プラス一言」を入れるのである。「数」「人」「物」「比喩」といったものが効果的である。

③「小さな声の指示」で集中させる

常に大声で指示する必要はない。子どもたちが集中しているときや大事な話をするときには逆に小さな声の方が効果的である。

④約束指示、ジェスチャーを入れる

子どもたちと「約束指示」を作っておくと授業はスムーズに進む。たとえば、課題を書かせたあと、教師が「ハイッ」と言ったら一斉に課題を読むといったようなものである。

また、「三つ見つけます」と言って三本の指を立てたり、「いっぱい息を吸ってから読みましょう」と実演したりというように、ジェスチャー入りの指示も視覚に訴える効果がある。

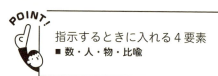

⑤指示した後の活動をほめ、言葉で評価する

「さすが五年生です」「しっかりと書くことができて、すばらしいです」というようにきちんと評価をすることにより、子どもの満足度も高まる。

このような原則は研究授業で指示に注目すると見つけやすい。「すばらしい」と言われている人の授業は、その人なりの指示の原則を使っている。参観したらそれを見抜くことである。

このような原則の他に、私がよく活用しているのが教育機器である。

実物投影機で作文の原稿用紙をスクリーンに映す。「題は三マスあけてから書きます」といった指示もスクリーンで実際に三マスあける動作を行って示すと、子どもたちに間違いなく指示が伝わる。これは当然である。言葉に加えて視覚での指示が加わるからだ。ときには「題はここからです」というようにより短い言葉でなおかつ的確に指示できる。しかも、その指示がスクリーンに残っている。この効果は大きい。

また、「サイレント個別指示」も有効な手段だ。計算スピードの遅い子がいた。全体に「三分で一〇番まで解きます」と指示した後で、その子には五本指を示し口パクで「五」と合図する。「五番を目標にしよう」という意味である。一人の子と教師だけに通じる一瞬の個別指示である。しかもサイレントだから、他の子は気づかない。

このように「言葉だけではない指示」も活用してみたい。

5

教師の立つ位置

子どもの立場で考える

発表者と離れた場所に移動する

太陽の位置に注意する

子どものそばに行く

初級編　5　教師の立つ位置

立つ位置が固定化していないか

教師は常に教卓と黒板の間に立ち、子どもたちを真正面に見て授業をする……と思い込んでいないだろうか。たしかに、重要な指示や発問をするときにはそれが基本である。

しかし、ときには立つ位置を変えて授業をするときも必要だ。

①学級全体で話し合い活動をする場合

教師はどこに立っているだろうか。発言する子の意見は子どもたち同士に聞かせたいものである。しかし、全員が黒板向きの座席の場合、教卓にいる教師に向かって話すことが多いものだ。そこで、教師は話す子から離れた場所に移動するようにする。たとえば、廊下側前列の子が話すときには、窓際後方に位置する。

こうすれば、発言する子と教師が発言内容についてやりとりする場合には学級全員が二人の様子を見ることができ、発言する子も教師も学級全員に向けて自然に話すことになる。

②発言するときに教師にも聞こえないぐらい小さな声の子の場合

そういうときに教師は「もう一回大きな声で」と教壇から言うことが多い。

だが、それでその子が大きな声を出すことは少ない。むしろ、「ああ、やっぱり発言は嫌だ」と思っ

POINT!

教師の立つ位置の工夫で授業が活性化する場面

- グループやクラス全体で話し合いをする
- 子どもが発表する
- 教師が板書する
- 校庭で教師が話す

てしまうのではないか。

そういうときには、子どものそばに行き「もう一回教えて」と言う。たとえ小さい声でもいい。「すばらしい！　○○というように考えたわけだね」と学級全員に伝えながら教壇に戻る。

その方が発言する子には自信になるし、他の子にとっても教師の発言に注目することとなる。

③教師が板書する場合

黒板に正対して書くのが板書の基本である。

しかし、ずっと黒板を向いているのでは子どもたちの様子が見えない。また、教師の後ろ姿で字が隠れたら子どもたちも見えにくいものである。

板書途中で子どもたちの様子を確認したり、ときには子どもたちに体を向けながら板書したりすることも必要である。

④体育や理科など校庭で話をする場合

こういう場合はさまざまな配慮が必要だ。

たとえば、太陽の位置に注意しなければいけない。子どもたちが太陽の光を真正面に受ける場所で話すと、眩しくて教師をしっかりと見ることができない。そういうときには、教師が太陽に体を向けるようにして、話すようにする。

初級編 5 教師の立つ位置

また、子どもたちを座らせたものの、子どもたちの視線の先に他学級の学習の様子が目に飛び込むようであれば、それらが目に入らないように子どもの向きを変えるようにする。そして、教師も移動して子どもたちの前に改めて立ち、話をする。当然、この方が集中して話を聞くことができる。

教師の立つ位置で変わる子どもの集中度

これらに共通することは「学習する子どもたちの立場に立っている」ということである。

授業中に、「子どもたちが見えにくそうだ」「集中して聞けない雰囲気になっている」と感じたら、「立つ位置はどうなのか」ということを理由の一つとして考える。そして、「どういう立ち位置が子どもたちの教育効果につながるか」ということを自分で会得していくことが大切である。

6　説明

話し方や表情で伝わり方も変わる

子どもを惹きつける話し方
間を効果的に
使う！
声のトーンを
明るく！
問いかけを
使う
よかった
ところは？
無駄な癖を
削る
エーッと

自分の話し方を聴いてみる

職場への通勤の車の中で、自分の授業を録音したものを聴いていたことがあった。研究会で「教師は自分の話し方を意識すべき」という話を聞き、「そう言われてみれば、自分はどのような話し方をしているのか、研究したことがない」と思ったからである。

いざ聴いてみると、それはひどいものだった。まず、発問や指示をしているが子どもの反応が悪いとすぐに部分的に変えていた。「あれっ？ 誰もわからないの？ じゃあ、主人公について考えていきましょう。主人公の気持ちは本当にうれしかったのか。隣同士で話し合ってみて」……これでは子どもたちも混乱する。説明のしかたも「それで」を連発したり、言葉に詰まって「えーと、それから」といった無駄な言葉が入ったりする。子どもたちも聞きづらいに違いない。さらに何と言っても話し方全体が常に声を張り上げた調子であり、聴いているうちにこちらが疲れてしまうような状態になった。

「こんな話し方で授業をしていたのか……」と非常にがっかりしてしまった。と同時に「もっと話し方を意識しなければ」と痛感したものだった。

自分の授業ビデオを見たことがあるという教師は多いだろうが、授業での話し方を意識的に聴いたという教師は少ないであろう。一度自分の話し方を分析してみるといい。自分の話し方の特徴に気づくはずだ。

子どもたちを惹きつける話し方

アンテナが高くなると、他の先生方の話し方が気になる。研究授業のときなどは、授業内容と共に必ず話し方も観察をした。そして、子どもたちを惹きつける話し方にはいくつかの共通点があることに気づいた。ここでは四つあげよう。

①声のトーンを明るくする

「さあ、今日はこの課題を考えていくよ」と明るい声で言われれば、学級全体が明るい雰囲気にな

子どもに伝わる説明５つの要素

- 明るいトーン
- 問いかけの使用
- 間の意識
- 癖の矯正
- 視線の工夫

る。当たり前のことであるが、暗いぼそぼそとした話し方では、子どもたちにとって聞き取りづらい。

さらにそれだけではない。教師自身の話し方が、子どもたちの話し方のモデルになる。明るい話し方を意識する教師は子どもたちにも同様の話し方を指導する。その結果、学級全体が明るい話し方となる。反面、暗い話し方の教師は話すことをあまり意識していないから、子どもにもあれこれ求めない。当然子どもたちの話し方は向上せず、学級全体が暗い話し方になりがちなのである。

②強調する部分の伝え方を工夫する

私は、ポイントだと思うところで「問いかけ」を多用する。「今の英貴くんの発表で大変よかったところがあった。どこだろうか？」といったようにである。実際に子どもたちに答えさせなくてもよい。問いかけを入れることによって、子どもたちの思考は促される。

③「間」を効果的に使う

先の問いかけのあとに、すぐに次の話を言うのと、しばしの間を置くのでは効果も違ってくる。むろん、間があった方が子どもたちもさまざまな考えを巡らす。そしてそれは、聞き方に緊張感を生むことになる。

④無駄な癖を削る

誰にでも話すときの口癖がある。「エーっと」というのは教師でもよく聞く癖だ。自分の癖は何か知り、その癖を出さないように努める。これは意識すればいいだけだから、簡単にできる。そして、無駄な言葉がなくなると、話し方がすっきりとするのを実感するものである。

全員の表情を見ながら話す

さて、授業で教師の話を効果的に伝えるためには話し方だけではなく、他の要素も重要になってくる。とくに私が重視しているのが、「目」である。

授業で話をしているときにどこを見ているだろうか。子どもたちの「方向」を見ているだけではダメである。きちんと子どもたちの「表情」を見たい。話の理解度が子どもたちの表情から伺うことができる。「わからないなあ…」という表情をしている子がいたら、その後の活動で個別にそばに行って「どこがわからないの？」と指導することができる。

また、教師がしっかりと一人一人を見ることは、「先生は自分に話しかけているんだ」という聞き手意識を育てることになる。ただし、威圧的な視線だと「にらまれている」と勘違いされて逆の結果になってしまう。

その点では、視線の「自己研究」も必要だ。鏡を見て、やさしい目をした笑顔をつくる練習をしてから教室に入ってみよう。きっと子どもたちもやさしい笑顔を返してくれるであろう。

7 机間指導

口も頭もフル回転する時間

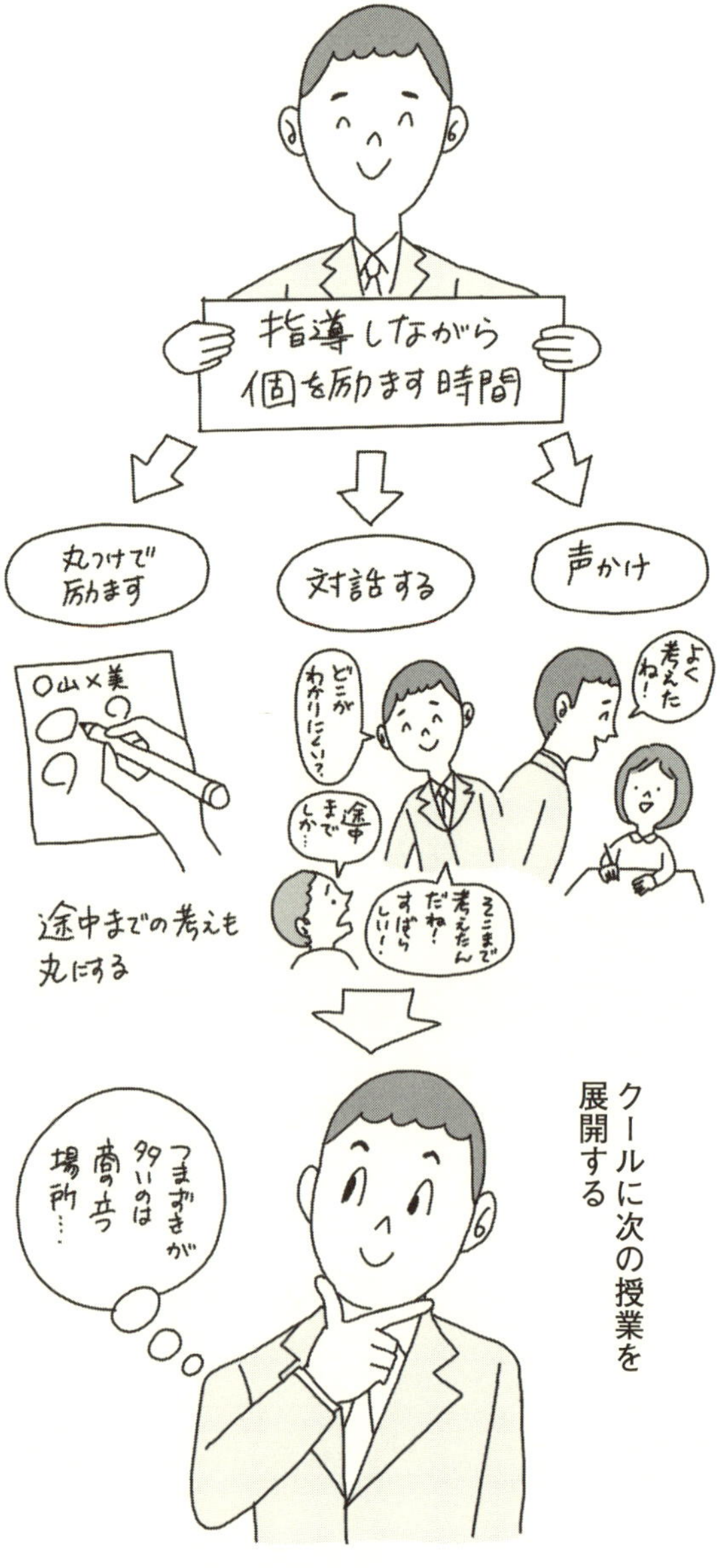

初級編 7 机間指導

さまざまな「机間指導」のとらえ方

授業参観をするとさまざまなタイプの「机間指導」があることがわかる。

個別の学習が始まると、すぐにある子にピタッとついて熱心に教えるタイプ。子どもたちのノートを見ながら、バインダーにはさんだ座席表にひたすらメモをするタイプ。散歩ぐらいのスピードで机間を歩き、集中できていない子には注意を促すタイプ。

それぞれの「机間指導」のとらえ方や目的がきっと違うのであろう。ある教師にとっては特定の子への個別指導の時間であろうし、別の教師にとっては全員を「チェック」する場なのだ。

一人一人を励ますチャンス

私の場合、机間指導は「指導しながら個を励ます時間」と位置づけている。

一斉指導ではなかなか一人一人を励ますことはできないものである。たとえ短い時間でも、机間指導はそのチャンスである。

「いいね！」「よく考えたね」といった簡単な声がけを次々とする。同時にノートに丸つけをしていく。口だけではなく、手もどんどん動かして子どもたちを励ます。子どもの意欲も高まっていく。

もっとも、「なかなか考えを書くことができなく、励ましが難しい」という子には、「対話」で働きかけをする。

数分しか机間指導の時間がないとき

- 励ます子どもを予め決めておく
- 励ます人数を決めて臨む

「どこがわかりにくい？」といった問いかけをしていく。このときには決して急がない。その答えから、「そこまで考えたんだね。すばらしいね」と対話することができる。途中までの取り組みでも、励まされることにより子どもはやる気を起こす。

そのような子にピタッとついて指導する必要はない。「じゃあ、自分で取り組んでみて」「どうだった。さっきよりできているね」というように何度もサポートするのがこつである。

「ふだんなかなか励ましができない」というのであれば、このような個別指導の活用法がおすすめである。一定時間を確保して、「よし、今日も子どもたちに励ましを！」という気持ちで授業に臨めば、簡単にできることである。

むろん一時間で全員というのは難しいかもしれない。一人平均一〇秒かかるとしたら四〇人の学級では六～七分かかる。そういうときには無理をしなくてもよい。「今日は三分の個別指導だから一〇人の子を励まそう」「算数を苦手にしている優一と伸吾と対話しよう」と決めておけばよい。

次の授業展開を視野に入れて

さて、子どもたちに個別指導で熱く励ましつつ、実は頭の中ではクールに次の授業展開を考えるようにしている。

まずは、課題に対する子どもたちの実態を把握する。的確に行うためには視点をもって一人一人を見るとよい。たとえば、わり算の筆算だったらどのようなパターンの間違いがあるか見ていく。

いちいち記録をとる必要はない。

数人同じパターンの間違いがあったら、「わり算の筆算でつまずきが多いのは、商の立つ場所がわからないからだ」というように分析する。

これによって、次の授業展開がはっきりとしてくるのである。

このように、机間指導は子どもにとっても教師にとっても価値ある時間だ。子どもに活動させて教師が一息つく時間ではない。むしろ、口も手も頭もフル回転させる時間なのである。

8 提示

ワンパターンからの脱却

資料や実物提示の効果は大きいが

授業の工夫の一つとして、資料を提示したり実物を教室に持ち込んだりする。子どもたちが「なんだ?」と興味を示す。意外性があったり、考えさせたりするような価値あるものの学習効果は大きい。

ところが、提示方法がワンパターンでせっかくの価値ある資料・実物が効果的に使われなかった……という授業もある。ひと工夫した提示をするだけで、子どもたちの反応が変わってくる、そんな例を紹介しよう。

資料の一部を隠して提示する

理科でチョウの写真を示す。カラーコピーで拡大したものでも、プロジェクタで拡大投影したものでもよい。足の部分を隠して、子どもたちに「足は何本？」と問う。「六本」「いや、四本」と話し合いになる。さらに「足はどこから出ていますか？」と問うと、こちらもさまざまな考えが出てくる。

もし、チョウの写真をそのまま提示したら、こういう話し合いにはならないであろう。隠したからこそ、自分たちの知識のあいまいな部分が「あれ？ どうだったっけ？」と刺激されたのである。

社会科でよく行われるのは、グラフの一部を隠すということである。たとえば、海外での自動車生産量の伸びを示しているグラフの最近五年間を隠して、「最近はどのようになっていると思いますか？」と予想させる。子どもたちは五年前までのグラフの伸びから推測するが、予想以上の結果に驚く。「どうして、こんなに海外での生産が伸びたのだろう？」と課題が子どもたちの中に入っていく。

これは「予想させる」ために隠したものである。教科書にある資料を使ってもできることである。もっとも子どもたちに「先生が隠すときに、いつも意外な結果になる」というように悟られないことが前提であるが……。

このような提示はよくニュース番組で見られる技法である。テーマに関係のあるフリップ（大型

子どもの探究心を引き出す提示３ポイント
■ 隠す・じらす・沈黙する

のカード）があり、解説する人が「実はこうなっているのです」と言って、隠している部分の紙をめくるというパターンである。視聴者はその部分に注目するし、その後の解説にも興味をもって聞く。何げなく見ているテレビ番組からヒントを得ることもできるのである。

実物を隠して「じらして」見せる

同じ隠すでも実物を隠すときには、道具が必要である。私はよく風呂敷を使った。

たとえば、洗濯板を風呂敷に包んで教室に入る。こういうときには演技が必要だ。「今日はお宝をもってきました」と言って白い手袋をはめる。いつもと違う雰囲気に子どもたちも注目する。大事そうに持ち上げて、風呂敷のまま子どもたちに見せる。

「これは昔あったあるものです」と言う。子どもたちは「大きな本だ」「まな板みたいな形では？」と口々に予想する。

今度は触らせてみる。「固いなあ」「でこぼこしている部分がある」と子どもたちはその特徴に気づく。これは貴重な反応である。提示した後に、「さっき美樹さんがでこぼこしていると気づいたけど、ここで何をするのかな」と問うことができる。

さらに余裕があれば、一部を見せたり、半分を見せたりして考えさせる。反応が出尽くしたところで風呂敷包みをほどく。

このようなパフォーマンスでのこつは「じらす」ということである。風呂敷で隠すこと自体が実物提示をじらしていることなのだが、さらに触らせたり、一部のみの提示をしたりということで、さらに好奇心を高めることになる。そして、結果的に出てきたものも、子どもたちが知らない洗濯板である。ここからまた追究が始まるのである。

沈黙して提示する

「何も言わずに提示」するのも、ときとして効果的である。

海のそばにある学校に勤めていたときのことである。地域の名産である「鮭」の学習の導入で、「鮭皮細工の財布」「鮭の中骨入りクッキー」「鮭の中骨の缶詰」を提示した。先の順で一つずつ黙って見せる。子どもたちからは、自然と声が出てくる。「あっ、財布」「ほしい、ほしい」「クッキー、食べさせて！」……にぎやかなものである。それが三つ目の缶詰（ラベルを一部隠す）になると、さすがに様子が違ってくる。「なんで、先生、三つも出しているんですか?」と聞く子も出てくる。

「三つとも同じなんです」

「何がですか?」

「同じなんです」

「だから、何が?」

「使われている魚が」

「えっ?」

それまでにぎやかに反応していた子たちも静かになる。それはそうだ。財布、クッキー、缶詰が同じ魚からできているとは思われない。子どもたちの興味を惹きつけるには十分であった。沈黙することで、子どもたちは逆に注目するものである。そして、子どもたちなりの問いが出てくる。それに対して短く答えることで、さらに注目させることができる。

ここに示した方法は簡単にできることである。中心はあくまでも資料や実物であり、提示方法はあくまでもその中心を引き立てるものに過ぎない。しかし、その方法を工夫することで中心が目立つ場合もあるし、全く目立たないで終わる場合もある。同じ資料や実物であるのなら、ちょっとしたひと工夫で目立たせたいものである。

9 聞き方指導

「豊かな聞き方」を育てる

質問できることを教える

耳以外で聞く

POINT!

聞き方指導の基本

- 聞く意義を子どもに考えさせる
- 子どもが質問できる時間をつくり、それを知らせる
- 耳以外で聞く方法を教える

学習活動の多くは「聞く」時間

「本校は子どもたちの発表する力を磨いています」「算数での思考力を深める研究をしています」といったように各校ではそれぞれ研究テーマを設けて子どもたちを育成している。どんな研究テーマでも子どもたちが一時間の学習の中でいちばん長時間の活動は「聞く」ことであろう。発表の研究をしている学校でも、一人の子が一時間ずっと発表していることはない。自分の発表時間より、教師の話や友だちの発表を聞いている時間の方が圧倒的に多いはずである。だから、「聞き方」はもっと重要視されてもいい。

もっとも「聞き方」といえば、すぐに態度面での指導と考える教師もいる。「姿勢をよくして聞く」「静かに聞く」といったことである。初歩的な指導としては必要ではあるが、ずっとその指導が「姿勢をよくして聞きなさい」「静かにしなさい」という指示のみであったら、子どもたちの聞き方は伸びない。

それらの指導と共に、しっかりと聞くことの意義を子どもたちに考えさせることが必要である。「先生の話を聞くことによって、勉強がわかるようになるから」「友だちの発表を聞いて、自分には思いつかないことを言ったとき、考えが広がるから」といったことを子どもたちは考える。

「そうです。学習では自分が話すより、聞いている時間の方がはるかに多いのです。先生の話をしっかりと聞いていないと何をするかわからず困るときがあります。友だちの発表を聞いて、自分の考

えと比べることも大事です。考えるにしても、発表するにしても、書くにしても、しっかりと聞いてこそできることです。聞くことはそれぐらい大事だから、耳が二つあるのです」

このような話をときどきすると、子どもたちは聞く意義についても考える。

質問できることを教える

授業中に次々と思いついたことを口にする子がいる。そういう子たちにとっては、「聞き方が大切」と言っても、つい今までと同様に「どうしてそうなるの？」と言葉が出てしまうものだ。「静かに話を聞く」ということが窮屈なのである。

そういう子たちには「きちんと聞いた後なら、質問や要求を言える」ということを教えておく。「あとで話せる」と思えばがんばって聞こうという気になる。そうすると、話を聞いた後は張り切って、「質問！　教科書に書くのですか？　それともノートに書くのですか？」「もう一度説明してください」と話すものである。

これはこれでいい見本となる。とくに友だちの発表で意味のわからない言葉があったときなどは、「質問！『らく農』って何ですか？」と聞くようになる。「今の裕一くんのように、どんどん質問や意見を言おう。きちんと聞いていなければ言えないことだ」と認めるようにする。

耳以外で聞くことを教える

私が教育実習に行ったときのこと。小学校二年生の国語の授業を参観していたら、友だちの発表に頻繁に拍手をしていた。よく見てみると「いいな」と思ったときに拍手をする習慣がついていた。その様子を見て実習生日誌に「二年生で友だちの発表の善し悪しはそんなにわからないのではないか。つられて拍手している子もいた。拍手をする必要はあるのか」と私は書いた。

今考えると何と生意気なことを書いたものだと思う。恥ずかしい限りである。しかしそこは一流の実践者だった指導教官。「たしかにそういう子もいるでしょう。でも大事なことは友だちの発表を聞いて拍手できる子を育てるということです」

そのとき、教育の「育」の部分を初めて実感した。評論家になっていた自分を反省したものである。

そして、教育実習から学んだ「拍手して聞く」という方法は意識して実践してきた。それだけではない。「聞く」というのは耳以外でも多くできることをその意義と共に子どもたちに教えている。

・指を折って聞く……「いくつの話か理解できる」
・うなずいて聞く……「共感したときにしよう。回数が多いほど多く学んだことになる」
・目で聞く……「集中して聞いている証拠だ」
・つぶやいて聞く……「『なるほど』といったつぶやきは考えて聞いていること」

・拍手して聞く……「友だちの発表のよさを認めることとなる」

このような聞き方は何度も何度も子どもたちに話してこそできるようになる。学級の中で「豊かな反応で聞く」ことができる子が増えることによって、意欲的に発表する子も増える。聞き方が「育っている」学級になるのである。

教師自身が聞き方の見本になる

さまざまな聞き方で見本となる子は学級に必ずいるが、一番の見本は教師であろう。

教師自身が子どもたちの発表に豊かな聞き方をするようでありたい。初任の頃、研究授業の感想に「わたしが発表したときに、先生が大きくうなずいたのでホッとしました」と子どもが書いたことがあった。自信がもてなくて、ふだんなかなか発表しない子である。このときに教師の聞く姿勢は大事だと改めて思ったものである。

「傾聴」という言葉がある。「相手の言いたいこと、伝えたいこと、願っていることを共感的態度で聴く」という意味である。豊かな聞き方と共にこの傾聴が教師の基本的な心構えなのである。

10

ノート指導

指導した分、効果が出る

初級編 10 ノート指導

ノート指導の重要性

授業でのノート指導は、具体的に教えた分、子どもたちに書く力がつく。指導をしている学級としていない学級のノートを比べると、その差は歴然としている。

自分自身、ノート指導に力を入れ始めたのは教師になって五年目のときだ。一年生を初めて担任して、ノートの使い方を一から指導しなければいけない状況になった。これは幸いだった。というのも保護者にとっては、ノートは子どもの学習状況を知る重要な手掛かりになるからだ。授業のことがしっかりとまとめられているノートを見れば、保護者もどんな授業でどんなことを学んだかわかる。担任が信頼を得るためのものの一つであった。

全体に指導する基礎技能

授業におけるノート指導で、子どもたちに教えておきたい基礎技能がいくつかある。その中でも基礎的なものが、「番号」「囲み」「記号」の三つである。

①番号を書かせる

課題の予想を書いたり、写真からわかることを書いたりするときに、「一つのことに一つずつ番号を書きなさい。『①』『②』と書きます」と指示する。番号を書くことにより、子どもたちは自分

ノート指導の基本

■ ノートの基礎技能を教える
■ 技能の特長を子どもと考える
■ 子ども別や場面別に指導の言葉を用意する
■ ノートチェックは授業中か直後にする

の書いた量をつかむことができる。これは書く励みになる。

また、教師にとっても子どもたち一人一人がどれだけ書いたかを把握できるメリットがある。

②囲みはきちんと定規で

定規でひいた線とフリーハンドでは見た目がまったく違う。「美しいノート」という感覚を育てるという意味でも、囲むときには定規を使わせる。

③記号を工夫して使う

記号の便利さは、「文や言葉で表すよりも端的に表現できる」という点にある。算数で「3は2よりも大きい」は、「3>2」と簡単に書ける。

これはノート指導にも応用できる。たとえば、「よく使われる言葉の代わりに使う」ということである。授業の最後に毎回感想を書かせるのであれば、「感想」と書かずに「◎」「□」と記してから書くようにする。

この三つの基礎技能は、どの学年でもすぐに取り組むことができるものであり、教えるだけで、子どもたちのノートは整理されたものになる。

指導のときには、それぞれの「技能のよさ」も考えさせるとよい。「番号をつけるよさは何ですか」

と問うのである。「いくつ書いたかわかる」「番号を並べると見やすい」といった答えが返ってくるであろう。

よさを理解することにより、子どもたちも基礎技能を積極的に活用するようになる。

個別指導の決めぜりふ

全体の指導ができたら、今度は子どもたちのさまざまな事例に対応する言葉を教師がもつことがポイントだ。ノートにも一人一人特徴がある。その特徴をよりよい方向性に向けるための声かけである。

「王様のようにノートはぜいたくに」
↓ぎっちりと詰めすぎて行間がないノートの場合
「いつでも先生や家の人に見せられる字で」
↓字が乱雑なノートの場合
「ノートは友だちの真似をしていいのです」
↓友だち同士でいいノート例を見たり、ノートを見合ったりする場合
「鉛筆は常に持っています。考えを書くチャンスがあったら、いつでも書きます」
↓板書を写すだけのノートの場合

これらは「ノートの書き方を変える決めぜりふ」である。一度だけの声かけでは変わらないが、何度も働きかけてくるうちに子どもたちも意識するようになる。ときには、「王様のように」と言い始めると、子ども自身から「『ぜいたくに』でしょ！」と子どもから言われることもある。それぐらいになれば本物である。

ノートチェックはプライムタイム

授業時に全員のノートを見ることはなかなか難しい。

そこで、私は授業終了時にその場で見ることが多い。授業の最後に授業感想を書かせ、できた子どもたちから次々とノートを持って来させるのである。授業直後ということもあって、教師の頭もフル回転している。これが、一旦回収して職員室でチェックするとなると、見るペースもダウンし、返却の手間もかかる。こつは次の通りである。

・「今日は感想」「今日は計算の書き方を」というように観点を絞る
・一人あたり五秒以内で見る。全員見ても五分で見終われる
・見た印は、サインかはんこでよい
・重点教科は毎回、他は一日一教科ぐらいで十分である
・コメントを入れる場合には別に提出させる

初級編 10 ノート指導

チェックするときには一言ずつ声をかける。「丁寧だね！」「見やすい！」「たくさん書いたね！」といった感じである。これならば、全員にノート指導に関わる励ましをすることができる。

授業中に関わりが少ない子どもには、「ノートのまとめ方がいいね。自信をもって発表してね」というような少し長めのコメントを言うようにする。

教師がチェックするとわかっていれば、子どもたちの意識も変わってくる。「がんばって書こう」という気持ちになるものである。

このノートチェックの時間は、私にとってはプライムタイムである。というのも、時間がなく子どもたちと触れ合うことができない日でも、子どもたちに一声を必ずかけることができるからだ。ときには子どもたちから、「今日の勉強、難しかったよ」と言われることもある。「そうか、次にがんばろう」と微笑んで声をかける。貴重なひとときである。

11

ペア・グループ学習

ペア・グループだからできる強みをいかす

グループで発想を広げる

初級編 11 ペア・グループ学習

学習活動に全員参加の状況をつくる

「では、なかなか意見が出ないようだから、ペアで話し合いなさい」というようにペア学習やグループ学習が、「予定外の指導法」として使われることがある。それはどちらかといえば「消極的な活用」である。

ペア学習・グループ学習は学習活動に全員を参加させる点が大きな強みである。「ペア」「グループ」という形により、子どもたちを積極的に学習活動に参加させる状況をつくり出すことができるのだ。たとえば次のような学習活動がある。

①ペア・グループ内で発表を行う

作文といった各自が作業したものを、全員が全体の場で発表するのは時間的に厳しい。そういう場合には、ペアやグループ内で発表させる。ふだんの発表で緊張する子でも少人数であればリラックスしてできる。また、全体で発表する子がいる場合には、事前の練習を兼ねることにもなる。

②相互評価をする

先のような発表場面においては、お互いの発表を評価する。教師が一人一人の発表を評価するには限界があるが、ペアやグループでの相互評価であれば全員分できる。また、「評価する」という

こんな場面ならペア・グループ学習がいきる

- 授業中に全員に発表させたい
- 授業中に子どもの活動を評価したい
- 子どもの発想を広げたい
- 調べ学習をする

目的をもつことにより、聞き手も視点をもって聞くことになり、意識も高まる。

③ペアでチェックする

学習活動でチェックが必要な場面はいくつもある。「岩手県を指さしなさい。隣同士で確認しなさい」といったペアのチェックは「全員に徹底させる」という点で有効である。「授業の最後にノートをお互いに見合います。いいところを伝え合います」と予告するだけでも、子どもたちのノートは変化する。

四〇人学級の一時間の授業で、教師が全員の評価をしたり、チェックをしたりするには限界がある。その点では有効な学習活動である。

ただ、それらは教師が楽をするためのものではない。子どもたちの評価やチェックの観点（例「聞き手を見て発表していたか」）を徹底して教える必要がある。活動中も教師は子どもたちを指導することが前提である。

他者から学ぶメリット

ペア学習・グループ学習のもう一つのよさは他者から学ぶことができるという点である。たとえば、次のようなメリットがある。

初級編 11 ペア・グループ学習

①グループで発想を広げる

話し合い活動で自由にアイデアを出すという場合には、個人よりもグループで考えた方が幅が広がる場合が多い。友だちの発想にヒントを得て、考えが広がるのである。ただし、事前に個人で考えたうえで行うことが前提である。

②調べ学習で他者から学ぶ

インターネットや文献等の調べ学習をペアでさせる。二人で調べるときのよさはお互いの調べ方について学べるという点である。たとえば、インターネットでの検索のしかたを一人の子が知っていればその様子を見て方法を具体的に知ることができる。

また、調べた内容をどう発表するかという点も上手な子から学ぶことができる。

むろん、全部のペアがそうだとは限らない。そのような場合には見本となるような別のペアから学ぶとよい。

これらのようなよさがあるペア学習・グループ学習。もっと積極的に授業に取り入れていきたいものである。決して「困ったとき」のための指導法ではないのである。

12

発言

子どもは発表したがっている

発言の活発さは教師次第

初任校時代のこと。

「さっぱり子どもたちが発言しない」といつも嘆いている先生がいた。たしかに研究授業を見ても、ギスギスした雰囲気で一部の子を除いて誰も挙手しようとしない。

しかし、翌年、担任が替わったら子どもたちもすっかり変わった。学級全体が明るくなり、子どもたちが次々と挙手する。そして笑顔で発言する。

この変容を見て、子どもたちが発言するか否かは担任次第ということを痛感した。それ以降も同じパターンを何度も見てきたし、また逆に「あれだけ発言していたのに、学年が変わったら何も言わなくなった……」という例も数回目にした。

このような例を見ると、「発言は自然に出てくるものではない。子どもたちから『引き出す』ものだ」ということをつくづく感じる。発言の活発な学級にするのも、停滞しがちな学級にするのも教師次第である。

本来子どもたちは発言したがっている。小学校一年生を担任したとき驚いた。「発表したい人?」と聞くと、「ハイ! ハイ!」と次々に挙手する。指名すると「エーッと!」と言ってから何を言うか考える子もなかにはいる。それでも「発言したい」という意欲は強く伝わってくる。

子どもが発言できない・しない理由

- 答えが見つからない
- 発言しようとしても他の子がしてしまう
- 声が小さいことを過去に責められた
- 間違って恥ずかしい思いをした

それが、学年が上がるにつれて「発言したい」という子たちは減っていく。その意欲を削ぐような原因が出てくるからだ。教師の役目はその阻害要因を理解し、対策を立てることである。いくつか例を挙げよう。

①なかなか答えが見つからない。わかったと思っても、すぐに手を挙げる子に発言されてしまう
→「ノートに書きなさい」と指示を出す

頭の回転が早く、教師の発問にすぐに「わかった！」と言って挙手する子はどの学級にもいるものである。教師も授業をテンポよく進めたいと思うから、ついつい指名してしまう。そうすると一部の子だけが発言して授業が進んでいく……。

これは望ましいことではない。教師はあくまでも学級全員の発言力を向上させるようにしなければいけない。そのためには、発問のあとに「ノートに書きなさい」と指示することが効果的である。ノートに書くことによって、子どもたちは自分の考えを整理できる。そして、発言できる内容があるから、子どもたちも安心して発言することができる。

②声が小さく「聞こえません！」と友だちに言われたり、先生からも「もっと大きな声で言いなさい！」と強く言われたりした
→教師がスピーカーになる

学級に小さな声の子は必ずいるものである。休み時間は友だちと元気な声を出す子もいるから、「もっと大きな声が出るはずなのに……」と思うので、つい「もっと大きな声で」という指示が出てしまう。しかし、発言に自信がないと声も小さくなるのはしかたがない。

以前、こういう子への対応で「お見事！」と思った事例があった。

女の子が一度発言するが声が小さくあまりよく聞こえない。教師がすぐその女の子に近寄り、「もう一回言ってみて」と告げた。改めて言う女の子。声自体は変わらない。でも、教師は「すばらしい！ ○○さんの考えは……ということだそうだ」と大声でその子を賞賛したのである。しかも、その発言内容を学級全員にわかるようにしたのである。

きっとふだんから発言に自信のない子だったのであろう。そういう子には、「もっと大きな声で言ってごらん」というよりも、このように教師がスピーカー代わりになることもよい。

③間違いを指摘されて恥ずかしい思いをした
→「発言することがすばらしい」学級文化を育てる

こういう子は結構多い。とくに高学年女子になるとプライドもあり、「間違って恥ずかしい思いをしたくない」と考えて、発言を控える子が出てくる。発言できるが、発言したくないと思っている子たちだ。

そういう子たちに聞き取りをしてみると、「発言したら、『エー！』と言われて悲しくなった」「先生が『間違ってもいいから』と言ったけど、やはり間違っていて恥ずかしさでいっぱいになった」といった答えが返ってきた。聞き手側と教師側の問題である。

友だちの発言をきちんと聞く学級にすることは、簡単にはできない。「正しいか正しくないかよりも、発言すること自体がすばらしい」というような価値観を子どもたちに獲得させる必要がある。そのために、日ごろから子どもたちに教師の思いを伝えるようにする。むろん、それに基づいて教師がすることも当然である。

④発言のしかたがわからない
↓具体的な方法を教える

考えはあるが、発言のしかたがわからないので発言できないという子もいる。そういう子には具体的に発言方法を教える。

・最初に賛成か反対か言います。その後に、「なぜなら」と理由を言います。
・数字を入れると聞き手はわかりやすいものです。「私は三つの理由を考えました。一つ目は……、二つ目は……」と言います。

戸惑っている子に具体的に教え、再度言わせてみる。つまずいてもしっかりと待つ。その子が言

えたら、改めて学級全体にも「こういう発言だとわかりやすいですね」とそのよさを話すようにするのである。

これらの他にも発言を阻害する要因はあるだろう。こういうことは直接子どもたちに聞くとよい。その要因がわかれば対策も立てられる。

むろん、個別な働きかけだけではなく、学級全員への働きかけも大きい。私は、子どもたちに、「発言する内容があるのに、発言する人としない人では大きな差が出てしまうものだ。勇気をもって発言しなさい」と鼓舞することもよく行った。ときには強い働きかけも行うことによって学級全体も前進した。

ただ、さまざまな方法を行っても、なかなか発言に積極的になれない子はいるものである。そういう場合には、「ノート発言（ノートに書いたことで意志表示したこととする）」や「グループ発言（グループ内で発言する）」でよしとする柔軟さが必要である。そういうことが素地となっていつかは花開くのである。

13 調べ学習

学校図書館の活用術、利用方法と読む視点を教える

初級編 13 調べ学習

学校図書館の役割の変化

学校図書館（以下「図書館」と略）の利用法は、かつては読書が中心であった。

今は、「学習に必要な情報を得る場」という機能も加わり、子どもたちの学習に欠かせないものとなっている。図書館の積極的な活用は、子どもたちの調べる力を伸ばすことにつながる。

ただし、「では、図書館に行って調べて」と指示するだけでは、当然のことながら子どもたちの調べる力は伸びない。「指導あっての活動」をしてこそ、子どもたちの力も伸びるのである。

図書館の活用のしかたを教える

「図書館の利用方法を教える余裕はとてもとても……」と思っていないだろうか。たしかに特設するのであれば、準備も指導時間も必要だ。しかし、日常の授業の中でも十分にできる方法がある。

ここでは四年生以上を対象とした利用方法を紹介する。

①図書館のレイアウトを教える

図書館のどのコーナーに何の図書や資料があるのか、子どもたちに実際の本を示しながら教える。

特に学習用の事典や「環境」「科学」といった学習テーマ別の書籍のコーナーで時間を十分にとるようにする。

②調べ学習で必要な資料の検索方法を教える

調べ学習で子どもたちが苦労するのが、欲しい情報を探すのに時間がかかることである。テーマに関連する図書がない場合の検索方法として、児童用百科事典の索引の活用方法を教える。これで基本的な情報は得ることができる。

③「特別コーナー」を開設して活用させる

総合的な学習の時間に図書館を利用することが多いものである。そのときの学習内容に合わせた「福祉学習コーナー」「環境学習コーナー」を図書館に期間限定で設ける。授業中に「関係する本を集めよう」と呼びかければ、あっという間に子どもたちは探してくる。同様に国語で物語文を学習したときに、「宮沢賢治コーナー」「椋鳩十コーナー」を設けるのも容易にできる。関連図書も知ることができ、子どもたちの興味も広がる。

④学校図書館に行く回数を増やす

「工作のヒントとなる本があるよ」「『ごんぎつね』の新美南吉の本だよ」と教師が紹介して学校図書館に行く回数を増やすようにする。「図書館探検チーム」を学級につくり、その子たちに朝の会などで本を紹介させるのも効果的である。

これらは、一時間の授業のうち一〇分程度あればできることである。調べ学習の途中でもできるし、単元の導入で子どもたちが興味を示した段階で「では最後の一〇分は本を探そう」と呼びかけて実践することもできる。大事なのは、ここで示した方法を何度も繰り返し行うことである。繰り返し活動をする中で、子どもたちが「図書館で調べたい」と思ったらしめたものである。

一般図書を活用する場合

図書館の利用で教師が悩むのが、一般図書での調べ学習である。

たとえば、「歴史人物で好きな人を一人決め、レポートしよう」という課題を設定した。ある子が織田信長を調べようと思った。子ども用の学習事典や学習参考書にもその人物について書かれているが、あくまでも概略だけである。深くは書かれていない。そうなると、伝記や歴史図書（歴史学習漫画を含む）に頼らざるを得ない。

しかし、一般図書は「調べて活用する」ことを目的として書かれたものではない。あくまでも読み物資料である。このような場合には、一般図書を活用するための方法を教えなければいけない。

もちろん、一般図書をじっくりと読ませられればそれでいいのだが、時間は限られている。さらに同じテーマで一冊の本を共用しなければいけないケースも出てくる。そのような授業での活用方法である。

一般図書で調べ学習をさせるとき

- ■ 教師が必要な情報の視点を示す
- ■ 目次から必要な部分を選ばせる
- ■ 不必要と判断した情報は読まないと指示する
- ■ 付箋を利用してポイントを絞らせる

①目次で必要な情報を選ばせる

一般図書の場合、書かれている情報は、その学習にとって不要な情報の方が多い。そこで、学習に必要な情報と思われる場所を、目次をもとに選ばせるようにする。織田信長の伝記であれば、その生き方で興味を示した部分を探させるのである。

そして、実際に読んでみて、大切な情報のページには付箋紙を貼っておく。このときにも「必要がないと判断したときには読む必要はない」と指示しておく。

複数の子が同じテーマで調べているときには、複数の関連図書をそのグループで回し読みをすることになるが、最初に調べた子が貼った付箋紙は次の子の参考になる。必要と思われる情報を簡単に見ることができる。

②視点を与えて読み取らせる

必要な情報を選んでも一般図書であるから、簡単に学習に応用はできない。得た情報を学習活動の目的に応じて加工する作業が必要となってくる。「織田信長についてのレポートを書くための情報」が必要となる。いわば「必要な情報の視点」である。これについては教師が具体的に指示する。

たとえば次のようなものであろう。

・生きた時代、場所
・その人物の業績、関わった人物

・生きた時代の様子
・特徴的なエピソード
・その後の時代に与えた影響

このような視点があれば、子どもたちも調べやすい。もちろん一般書であるから、この視点に書かれていないものもあるだろう。その場合には書かれている情報だけでレポートを書けばよい。

レポートを作るために行う調べ学習であるが、このような学習で子どもたちは「目次の見方」「視点をもって情報を選ぶこと」を学ぶ。これは次に一般図書を利用するときにも役立つことである。

14

辞書活用

「習うより慣れろ」で活用を日常化する

ざまざまな場面で辞書に慣れる

①国語以外の教科で使う
②早引き競争でスピードアップ
③辞書を読むことで親しむ

国語辞書を使わないのは「もったいない」

「国語辞書は説明文の語句の意味調べに使っていますが、それ以外はあまり……」「辞書を引くのに時間がかかるので時間不足になりがち。使う回数も限っている」……このような声を聞くと、実にもったいないと思う。

言うまでもないが、国語辞書を活用すればするほど子どもたちの知識や興味はどんどん広がる。「説明文の語句の意味調べ」だけではなく、さまざまな学習での幅広い活用が可能なのである。

初級編 14 辞書活用

まずは国語辞書そのものの学習を

国語辞書の五〇音索引での調べ方は教えるだろうが、「辞書そのもののしくみ」はくわしくは教えられないものである。

たとえば、「意味」の他にも「例文」「反対語」「類語」等が書かれている。その意味を教え、それらが書かれているよさを考えさせる。例文があれば、実際の使われ方が理解しやすい。とくに言葉に二つ以上の意味がある場合には、その違いを理解しやすい。また、作文にも応用することができる。反対語や類語は語彙を広げることができる。このようなよさを理解すれば、「意味」だけではなく関連項目も子どもたちは読むものである。

また、巻末には漢字表や画数別の音訓表、ことわざ等が付録でついているものも多い。

漢字辞典がなくても、ある程度のことはこの付録でも調べられる。

このような学習は時間を特設して行う。一回行うのと行わないのではその差は大きい。

日常的に使う方法

いちばん多く国語辞書を使うのは国語だろうが、他の教科でもどんどん使わせたい。とくに五、六年になってくると、社会や理科でも教科書に難しい言葉が出てくる。「遠洋漁業」「酪農」「光合成」「受粉」といった言葉が出てきたときに、子どもたちが自主的に調べるようになればしめたもので

POINT!

子どもに辞書活用を促す基本指導

- 辞書を手元に置かせる
- 教科を限らずひかせる
- 短時間、辞書を使ったゲームを楽しむ

ある。

何も難しい言葉でなくてもよい。「コンビニ」「チョウ」といった日常的に使っている言葉を調べることで「コンビニエンスストアの略だったんだ」「チョウは英語でバタフライと言うんだ。水泳でたしかにチョウみたいに動く感じがする」というように知識も広がる。

①早引き競走

ただ、早く引くことができなければ効率が悪い。そこで、「早引き競争」を取り入れる。たとえば、「教科書二四ページの熟語を三分間でいくつ引けるか」「『白血球』を引きます。一〇秒で合格！」と短時間で行うのである。毎日一～二回でよい。こういう活動を続けることで子どもたちの辞書を引くスピードは確実に早くなる。

②辞書を読む

ときには辞書を「読書」する時間を設けてみる。辞書を本としてそのまま読んでいくのである。意外な発見があり、辞書に親しむいい機会になる。

③いつも辞書が手もとにある

なお、気軽に辞書を使うためには常に手元に置かなければいけない。机上に置くと学習スペースが狭くなるので、私は布袋に入れて机の脇にかけさせている。必要なときに脇から子どもたちはさっと辞書を取り出す。これも慣れると早いものである。

さまざまな活動を通して、子どもたちは抵抗なく辞書に親しむようになる。まさに「習うより慣れろ」という状態である。

教師が辞書を活用する姿を見せる

子どもたちだけではなく、教師自身もどんどん辞書を活用するようにしたい。授業時間に疑問があればその場ですぐに引く。教師自身が辞書を使う姿を見せることは恥ずかしいことではない。むしろ、子どもたちのモデルになる。

ときには電子辞書も活用する。漢字辞典・英和辞典等、複数の辞書が組み入れられているので、「口で始まる慣用句は？」といった語彙を広げる学習やＡＬＴ（外国語指導助手）との打ち合わせのときなどに便利である。

「習うより慣れろ」は教師にも通じるのである。

15

発表

「伝えるためのスキル」を意識させる

伝えるためのスキル
・アイコンタクト
・話し方
・表情
つらい陸上練習で私が学んだことは何だと思いますか？
・ジェスチャー
・問いかけ

こんな発表はNG

「まとめた模造紙を見ながら発表しているので、聞き手に背を向けている」「一方的に説明するだけで単調」「十分なリハーサルをしないのでムダな空白時間が多い。結果的に三分オーバー」……今まで見てきた授業風景の一コマである。

「テーマについて模造紙に書いただけで精一杯だったんだなあ」「リハーサルの指導がきちんと行われたのかな……」と推測してしまう。ちょっとした指導で子どもたちの発表は変わるのに、残念なことである。

考えてみれば大人の発表にしても同様である。

研究発表で、「聞き手の反応を意識せず、原稿を棒読みする」「アイコンタクトをせずパソコン画面に向かって話している」といった人を見たことがあった。その先生方が発表についてどのような指導をしているのか推測できる。

初級編 15 発表

学習の目的を意識させる

かつて五年生の国語で、「五年一組ニュースを発表しよう」という学習を行った。一年間の学級のニュースを、一人一人が写真をもとに発表するという学習内容である。

単元最初の時間に子どもたちには、学習活動の概略の他に、「発表のために、いろいろなスキルを身につけるのが今回の学習の大切なめあてであること」を話した。単元の最初に学習の目的を意識化されることは重要である。子どもたちの心構えも違ってくる。

発表で大切なこと

発表に至るまではいくつかのプロセスがある。右の単元であれば「ニュースの素材を見つける」「ニュースに見出しをつける」「ニュース原稿を書く」「発表の練習をする」といったことである。そのプロセスで子どもたちには、「発表の原則」を強く意識化させた。いくつかの例を示す。

・伝える目的を明確にする（この場合は「五年一組のニュースを知ってもらう」）

・伝える相手を考えて原稿を書く（今回は友だち＋授業参観に来られた保護者）

子どもに指導したい発表のスキル
■ **表情・ジェスチャー・アイコンタクト・話し方・声の大きさ・問いかけ**

・印象に残る見出しを考える（例「雪もとける熱きラグビーバトル」・体育のラグビー）
・一番伝えたいことは何かを考える

これら一つ一つの吟味がよりよい内容のニュース原稿につながる。このように考えると発表で必要なのは、決して「話し方」だけではないことがわかる。話す前の段階にも時間をかけなければいけないことがわかる。

スキルを高める

実際の発表では伝えるためのスキルがいくつも必要である。たとえば、「表情」「ジェスチャー」「アイコンタクト」「話し方」「声の大きさ」「聞き手への働きかけ」といったことである。それらを一気に子どもたちに全部教えようとしても学習のねらいが散漫してしまう。

今回は「アイコンタクト」と「聞き手への問いかけ」を中心に行うことにした。

この学級では毎朝、日直がスピーチをしていた。日々のスピーチなどの積み重ねによって、子どもたちは下を見ずに顔をあげて話すことができるようになっている。

しかし、視線が定まらない子、聞き手ではなく遠くを見ている子も見られる。そこで、「ターゲットを絞って視点を定めなさい。ターゲットは熱心に聞いている人です。うなずいている人を見ると、気持ちもよくなるでしょう。すると表情も変わります」と子どもたちに話した。

むろん、これは事前に「うなずきながら聞く」「目を見ながら聞く」といった聞き手への指導があってのことである。

また、「聞き手への問いかけ」というのは、「皆さん、あの暑い八月に一生懸命に練習した日々を覚えていますか？」というように話しかけることである。こういうスキルは教えなければ全く仕えないが、教えれば効果的に活用するようになる。スピーチの最初でも山場でもよい。その後実際に聞き手とやりとりするのでもよいのである。

このようなスキルの基本をおさえたら、次はリハーサルである。「時間を意識して話す」「自己評価と相互評価をして高め合う」ということに重点を置いた。この時点で学習目的の大方は達成できていたと考えてよい。伝えるためのスキルをおさえてスピーチができたことは大きく、これ以降の朝のスピーチは、変化していった。

教師がモデルになる

このようなスキルを必要とする学習ではモデルが効果的である。アイコンタクト、聞き手への問いかけ、表情、ジェスチャー、相互評価のしかたなどなど、説明するだけではなく実際に自分が見本を示した。そのためには教師自身がスキルを練習して身に付ける必要がある。

ある学校では、朝の打ち合わせで教師が一人ずつ一分間スピーチをしているという話を聞いたことがある。テーマは自由とのこと。当然、その準備段階であれこれ工夫するであろう。教師が発表のモデルになるという点では、すばらしい取り組みである。

16

授業感想文

子どもの変容が授業改善への道になる

授業感想文が
授業改善につながる

授業感想文とは

授業終了前の三～四分程度で子どもたちに感想をノートに書かせる。子どもたちは授業を振り返って、本時でわかったこと、思ったこと、がんばったこと、次回の課題などを記す。これが授業感想文である。

子どもたちにとって次のような意義がある。

・一時間の授業を振り返ることによって、自分が理解したことやできるようになったことをし、子どもたちは学習意欲を高める。

・次時への課題意識ももたせることができる。

・自分の学習態度を見直すことにもなる。

学習意欲や学習態度を子どもたちが意識するようになれば、子どもたちは変容する。積み重ねれば積み重ねるほど、積極的な学習が期待できるのである。

教師にとっての授業感想文の意義

では、教師にとって授業感想文を子どもたちに書かせる意義は何か。次の三点で価値があると言える。

①授業感想文を継続させることによって、単元を通して子どもの変容を見ることができる。

たとえば、最初に「今日の学習はわからなくて悲しくなった」と感想を書いていた子いた。それが、単元の最後に「この学習は難しかったけど、友だちの発表でよくわかりました。自分も発表できてよかったし、自信になりました。これからも発表したいです。」と書いたのなら、よりよい方向に変容したと言える。

単なる感想発表だったら、一人一人の変容はわかりにくい。文章にして記録化し、教師が点検するからこそ変容がわかる。

②子どもとの関わりが深まる。

授業中や授業後の授業感想文の点検や赤ペンでの指導はすべて個別対応である。ふだんは全体指

授業感想文を活用して

- 授業改善する
- 子ども理解につなぐ
- 個別指導の機会にする
- 次の授業の組み立てにいかす

導が多い教師にとって、これらの時間は貴重である。

③教師にとっての授業改善の一方法になる。

子どもたちの感想で、私は「間接的なクレーム」にとくに注目している。「写真の見方がわからずに苦労しました」「まとめをどう書いていいかわかりませんでした」といった子どもたちの感想は、「先生、この指導ではわかりません」というような訴えである。何らかの対処が必要な部分である。

このように教師にとっても授業感想文は大きな意義があるのだ。

書かせている最中に、考えを波及させる

では、具体的に授業感想文を書かせるときにはどんな点に留意したらいいのか。

子どもたちが授業感想文を書いている途中でも、私は一人一人のノートをのぞき込むようにしている。子どもたちが書き終えてから見てもよさそうなものだが、授業中だからこそ意味があるからだ。その理由は次の二点である。

・一人一人の考えを全体に波及させる
・書く観点が見つからない子を支援する

この二つは関連づけることができる。たとえば、「電気を通すものをたくさん見つけることができてよかったです。今度は教室から出て行って学校の中にあるいろいろなもので調べたいです」と

初級編 16 授業感想文

いう授業感想文がある。後半部分は、これから学習していきたいことについて書いたものである。

このような感想を教師が学級全体に広げたいと考えたなら、全体の前ですぐに発表させる。そのことによって、子どもたちは「これから学習したいこと」も授業感想文の観点として取り入れるようになる。また同時にそれは、書く観点がない子へ「今度の学習のことを書けばいいいんだ」というヒントにもなる。

否定的な表現を大切にする

子どもたちのノートを見ていてよく目に飛び込んでくるのが、学習に対する否定的な表現である。算数の時間、次のような授業感想文を書いた子がいた。

「今日も難しかった。今日の発表で少し自信をなくした。ちょっと算数がきらいになったかなって感じでした」（五年A子）

算数に苦手意識をもっている子だったが、がんばって解き方を全員の前で発表をした。いい内容の発表だったが、本人はこのように不満であった。

このときには、「A子の発表がわかりやすかった」と書いた子の感想を教え、励ました。授業感想文の点検から、一人の子の内面がわかり支援ができた例である。

ときには書かせる観点を指示する

授業感想文を書かせるときには、基本的には「感想を書きなさい。時間は四分です」というシンプルな指示だ。限られた時間に書かせるのであるから、慣れたスタイルで集中して書かせるのがよい。

ただ、書いてほしい観点があるときは、指示を追加する。「今日話し合った農薬使用に賛成か反対か。『私は賛成である。なぜなら～』という書き出しで始めなさい」というようにである。これにより、子どもたちの考えが学習でどのように深まったか知ることができる。

また、新しい授業方法を試したときなどは、子どもたちに数値やＡＢＣで評価してもらってから授業感想文を書いてもらうのもよい。点検時に挙手させ、「Ａは二〇人、Ｂは一五人……」とすぐに全体の分布をつかむことできる。低い評価をした子には理由を聞いてみる。「最初の説明の意味がわからなかった」というように、改善のためのヒントも見つかるのである。

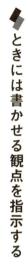

17

テスト

「テストに強いこと」「テストのための暗記」も大切

市販テストでもよい点数をとらせる

一つの単元の授業を工夫して行った。子どもたちも「楽しい」と毎時間感想文に書いた。しかし単元のテスト（市販）を行ってみると、その結果は芳しくない。

こういう経験をよくしたものだった。とくに自分が初めて五年生・六年生を担任したときの社会科で多かった。工場を見学させたり、おもしろい教材や実物を持ち込んで熱心に話し合いをさせたりしたのに、テストでは六〇点〜七〇点の子が続出していたのである。中には授業で活発に意見を言っていたのに、五〇点しかとれない子もいた。

テスト対策

■ 基礎知識を定着させる活動の二大ポイント
・計画的
・短時間

ちなみに全国平均が八〇点程度のテストである。

そうなると子どもたちも、「授業は楽しいけど、テストは嫌い」ということになる。理由は簡単であった。私が「おもしろい教材」で授業を盛り上がることだけに目が行き、教科書にある基礎的な内容をしっかりと教えていなかった。「暗記は社会科を嫌いにする」と考え、「覚えさせること」をしなかった。また、テスト問題をよく理解していないで回答する子に、「よく問題を読みなさい」といった対応しかしていなかった。要はテストを意識した取り組みを授業の中で行っていなかったのである。

テストは子どもたちの学習の理解度を客観的に評価するものである。市販のテストは問題も吟味されている。そのテストを行う意義は大きい。そうであれば、「授業も楽しい。同時にテストでもよい点数をとらせたい」ということを両立させたいと思った。

むろんテストの点数を上げることのみが目的ではない。テスト対策にばかり明け暮れる授業であれば、本末転倒である。

テストを意識した授業づくり——五つの取り組み

では、テストを意識した授業内容にはどのようなものがあるのだろうか。六年生の社会科（歴史分野）を例にとる。

初級編 17 テスト

①教科書の本文を読ませる

教科書には基本的な内容が網羅されている。一通り本文を読むということは、その一時間で学習する内容の概要をつかむことにつながる。授業の中で、教科書を読む時間を確保する。それは導入でもいいだろうし、まとめでもよい。授業の展開によって考える。集中して読ませるためには立って音読させるのも効果的である。

②本文に印をつけさせる

教科書を読む活動と並行して、本文の重要なポイントに印をつけさせる。「『人物』『できごと』は丸で囲みます。『理由』はアンダーラインを引きなさい」と指示すれば、改めて本文を別の視点で読み直すことになる。

③フラッシュカードで暗記させる

人物と業績はセットで覚えさせる。そのためには、フラッシュカードも効果的だ。「鎖国」と書かれたカードを提示し、子どもたちが「徳川家光！」と答える。復習として授業の導入一〜二分で行うことができる。

これは、視聴覚機器でもできる。たとえば、人物の画像をプロジェクタでスクリーンに拡大投影し、「豊臣秀吉！」「徳川家康！」と次々と答えさせるのである。同様に絵を拡大投影して「長篠の戦い！」「検地！」と答えさせるのもよい。

これらは短時間で復習できるというメリットだけではなく、「授業がテンポよく始まる」「子どもたちが大きな声を出すようになる」という副次的なメリットもある。

④復習ミニテストを行う

単元をひと通り教え終わったら、復習ミニテストをする。

【ミニテスト例】
1　大きなほりで囲まれた豪族のお墓を（　　　）という。
2　卑弥呼のくにが栄えたのは（　　　）時代
3　大和朝廷の力が強まるのは（　　　）時代で、（　　　）が国を支配していた。
4　渡来人が日本に伝えたものは何か?

学習した内容に合わせて教師が作成し一〇分程度で行う。内容は知識中心である。ひと通り解いたら、自分で答え合わせができるように答えも同じプリントに印刷をしている。子どもたちは今までの学習内容をこのミニテストで復習することになる。終了後は持ち帰りをするから家庭学習で自学自習も可能である。

私はまとめてすることが多かったが、知っている中学校の先生は毎時間授業の終わり五分間をその時間の内容のミニテストにあてていた。その時間の学習した内容を即復習するわけだから、知識は確実に定着するだろうと感心したものだった。

⑤テストでの「設問の読み方」「問題の見直しの仕方」を教える

「うっかりミス」をする子はどの学級にもいるものだ。「記号で答えなさい」と言っているのにそのまま人名を書くようなケースである。誤字脱字も同様である。テスト返却のときの答え合わせで「ああ、失敗した」と嘆いても、次回も同様という子もいる。

そこでテストのための「設問の読み方」「問題の見直しの仕方」の説明と指導の時間をとるようにする。まずは学年最初のテストで行う。また、設問の形式が新しく出てきた時点で随時行ったり、新学期ごとにも改めて行ったりすると効果的である。

【テストの設問の読み方の視点】
・何を尋ねている問題か
・記号を書くのか、番号を書くのか
・いくつ答えるのか
・理由を尋ねている場合には、「〜だから」という表現をする

【テスト見直しの視点】

・設問と答えが対応しているか（例「二つ選びなさい」と書いているのに一つしか選んでいない）
・誤字脱字
・答えそのものの間違い

これらがクリアーできた時点で初めて教師にテストを提出させる。繰り返しているうちにテストに強くなる。

授業にきちんと位置づける

先の①～⑤は一時間中する活動ではない。せいぜい一〇分以内である。一時間中、フラッシュカードで暗記するといったら、学習効率が悪いに決まっている。短時間で何度も繰り返すから効果がある。

ここで大事なのはこれらを授業の中に計画的に位置づけ、継続することである。思いつきのように一単元だけ行ったのでは、効果も薄くなる。

なお、当たり前であるが、市販のテストは単元終了時に即テストを行い次の時間に返却する。あとで数枚まとめて返却してもテスト時の記憶は薄れ、テスト直しの効率も悪くなる。返却時の計画まできちんと指導計画の中に位置づけておくのである。

中級編

授業スタイルにこだわってスキルアップ

1

価値ある出会いから生まれた一時間の授業スタイル

第１段階　興味のひく資料や実物を提示

第２段階　子どもたちなりの読み解き

第３段階　社会的なものの見方・考え方をほめる

第４段階　指定語を用いたまとめ

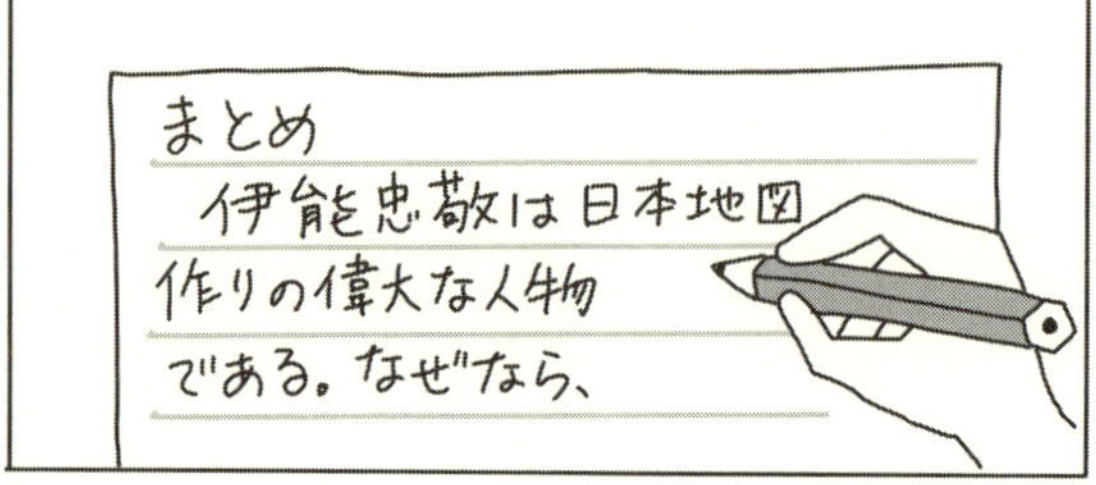

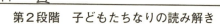

中級編1 価値ある出会いから生まれた１時間の授業スタイル

一時間の基本的な授業スタイル

私の社会科での一単位時間の授業スタイルは、次の通りである。

第一段階……導入で一気に興味・関心を高める

導入で、子どもたちが興味をひく資料や実物を提示する。子どもたちは「えっ、それ何?」「知っている!」といったように一気にのってくる。ときには本時に関わる内容のクイズをする場合もある。いずれにしても、子どもたちが興味・関心を示した段階でその時間の課題を設定する。

第二段階……子どもたちなりの読み解きをさせる

次に課題について子どもたちなりに、資料を読み解く時間である。自力で読み取りをするのが基本である。

ポイントは、「わかること」だけではなく子どもたちなりの「解釈」を付け加えさせる点である。それが子どもたちの資料活用力を伸ばすこととなる。

第三段階……社会的なものの見方・考え方を深める

資料活用だけでも、ある程度課題には迫っている。

しかし、社会科の授業の魅力は「社会的なものの見方・考え方を伸ばす」という点にある。子どもたちの思考力を高めるための中心発問を教師が準備する。子どもたちの思考は促され、社会的なものの見方や考え方は深まっていく。

第四段階……指定語を用いたまとめをする

最後にその時間で学んだことをまとめる。そのときに「最初に結論を書きます。その後に『なぜなら』や『たとえば』を使って書きなさい」というように使う語句を指定する。語句を指定することによって、自分の書きたい内容がクリアーになっていく。

基本的に私の社会科の授業スタイルは、この四段階で行う。

第一段階で興味・関心をもたせ、第二段階で資料活用能力を伸ばし、第三段階で思考力・判断力を高め、第四段階で表現力を求めている。いわば一単位時間に総合的に社会科で必要な力が伸びる授業スタイルになっている。

自分がたどり着いたキーワード

これらの授業スタイルには、それぞれキーワードがある。

・第一段階…「おもしろネタ」
・第二段階…「子どもなりの解釈」

中級編 1　価値ある出会いから生まれた1時間の授業スタイル

・第三段階…「思考を促す発問」
・第四段階…「指定語によるまとめ」

このキーワードがそのまま授業構想のヒントとなる。

おもしろネタであれば、自分自身が驚くような資料や実物を見つければよいのだ。今の教科書はよくできていて、そのまま子どもたちが興味をもつ資料がふんだんに掲載されている。

「思考を促す発問」は簡単には出てこない。しかし、自分の中に蓄積された実践の記録がヒントになる。いくつか候補をリストアップし、その時間のねらいにあったものを一つ選ぶのである。

「伊能忠敬」の授業

先のように考えると授業も構想しやすい。

たとえば、六年「伊能忠敬」の授業については、次のように構想する。

第一段階（導入）では、今の日本地図とそっくりの伊能忠敬の測量地図を提示する。その正確さを示すために、現在の日本地図と重ねて見せるようにする。子どもたちは江戸時代の技術を知っているだけに、驚くであろう。

その感想を言わせ、「伊能忠敬は、どのようにして全国を測量し、正確な日本地図を作ったのか」

> POINT!
> 自分の授業スタイル確立は真似したい先輩授業の研究から

という課題を導く。

第二段階では、伊能忠敬の業績について、子どもたちに読解させる。教科書の本文や測量している絵、道具の写真などの資料から、当時の測量の様子を読み取らせるのだ。教科書の一番のよさは、学習に必要な内容がコンパクトに書かれているという点である。一級品の資料も適切な数が揃っている。

教科書は、限られた時間に子どもたちに読解させるにはぴったりする教材なのである。

子どもたちには読解させると同時に、忠敬の業績への感想や解釈を子どもたちなりに加えさせる。長期間をかけて工夫して取り組んだことへの共感が出てくるだろう。

さて、教科書をくわしく分析していくと、伊能忠敬の業績について学ぶだけではなく、当時の国情についても記述が割かれている。ここで教えるべきポイントがもう一つあることがわかる。当時の国情と伊能忠敬の測量との関連である。

そこで、**第三段階**では「江戸幕府が伊能忠敬たちに全国の測量を命じた理由は何か」という中心発問を投げかける。正確な日本地図を作ることによって、外国からの侵略に備えることが重要な国策だったことに目を向けさせるのである。歴史上、地図が重要な情報であることを知ることも、社会的なものの見方を広げることとなる。

先の発問では子どもたちにとってはやや難しいものであろう。第二段階の学習で得た知識をベースにして、「測量を命じることで幕府にはどのようなメリットがあるか」といった補助発問や補助資料を提示しながら子どもたちの考えを引き出していくことにする。

第四段階のまとめは、「伊能忠敬は○○な人物である（○○には自分で考えた言葉を入れる。例【行動的な】）」から書き始めさせる。これが指定語になり、第二段階で学んだ伊能忠敬について自然と書くこととなる。同時に、第三段階の内容も入れるように指示する。五分程度は時間をとり、子どもたちの一時間の学びを振り返る時間を保障する。

このように自分の授業スタイルがあることによって、授業の骨格が組み立てやすい。あとは、実際の授業で子どもたちの実態にフレキシブルに対応していけばよい。

価値ある出会いがベース

これらの授業スタイルは自分の教員人生での数々の価値ある出会いがもとになっている。とくに教師になって三年目に参観した筑波大学附属小の有田和正学級は衝撃的だった。

三年生の社会科。有田先生が問いを発するたびに、子どもたちが次々と自説を主張する。「教師に対しても論争を挑んでいる……」そんな感じに映った。「どうしたら、あれほど表現力のある子たちが育つのだろう」「どうしたら、あれほど調べてくる子たちが育つのだろう」と不思議に思うと同時に、「鍛えられた有田学級の子どもたち」が理想の学級となった。

その有田先生が当時主張していたのが「ネタ（教材）のおもしろさ」だった。むろん、子どもたちをゆさぶる発問があってこそ、そのネタも生きる。追試をしていくうちに確かな手応えを感じ、自分でも少しずつオリジナルな実践をするようになった。

教育団体「授業づくりネットワーク」との出会いも同様であった。とくに「ミニネタ」という概念は自分にとっては新鮮であった。現在も導入段階を中心に実践をしている。

指定語を生み出したのは、まとめがなかなか書けない子どもたちの存在だった。その子たちに個別指導をしながら、「書きたい内容はあるがその書き方がわからないのだ」ということを理解した。そこで、「じゃあ最初に、どちらが便利と思ったか、まず書こう」「『なぜなら』と書いて」「わけを続けて書きなさい」と、そばで個別に指導をした。子どもたちは、「そう書けばいいのか」という表情でノートにまとめを書いていった。そこから「指定語」というスタイルが形づくられた。

自分の授業スタイルはこのような「価値ある出会い」から生まれたものだ。出会いに感謝するばかりである。

「授業づくりネットワーク」（学事出版）09年6月号「1時間の授業スタイルは価値ある出会いから生まれた」に加筆

2 教科書をもとに一時間の授業をつくる

教科書は強い味方

教科書ほど強い味方はない

私は社会科の教材開発が大好きである。

地元の羊羹工場に行き、工夫や苦労を目の当たりにする。美味しい味を求めて、努力されている姿を子どもたちに伝えたいと思う。地域で活躍した先人に関する資料が、地元の記念館にあれば、子どもたちと見学学習をして、そこから深く追究させる単元を構成したいと考える。子どもたちが喜んで取り組む姿が想像できる。

そんな社会科授業が自分は大好きだ。しかし、毎時間、そのような社会科授業をしているわけではない。むしろ少数である。自分が開発した教材で教えるのは高学年で一～二割に過ぎない。

逆に言えば、教科書を中心に教えるのが八～九割なのだ。その理由の一つに、「小学校であればいろいろな教科を指導をするから、一つの教科の特別な教材研究のみに力を注げられない」という事情がある。

しかし、それはメインの理由ではない。私自身は「社会科の場合、教科書がすばらしい教材」だからというのが一番の理由である。とくに資料を中心にする五、六年生の社会科はそうだ。

・子どもたちの思考を強く促す資料が掲載されている

・学習内容と関わりのある人の話が適切に書かれている
・子どもたちの学習方法が具体的に書かれている
・興味のわく発展教材が紹介されている

教科書を眺めただけでも、このような点にすぐに目が行く。まさに教師にとって、「強い味方」である。教科書をフルに使わない手はない。

見開き二ページをどう研究するか

では、実際に私の教科書研究はどのように行っているのか。五つの観点から見ていく。

①教科書のすみずみまで見る

具体的に教科書を使った教材研究を紹介する。教科書「小学社会六年上（教育出版・平成二〇年発行）」の「日清・日露の戦い（八六～八七ページ）」を例にとる。見開き二ページで一時間の内容である。

ここには、日本人と中国（清）人が釣りをして、ロシア人が橋から様子を伺っているという有名な風刺画が掲載されている。他にも学習に必要な資料がいくつかあり、むろん本文も全体の半分ぐ

子どもの読み取りの限界を知ってから、教科書掲載資料を利用する

らいのスペースを占めている。

そこで最初に何をするか。私はすみずみまで読む。絵の題はもちろん、グラフや図の中に書かれている地名、教科書に出てくるキャラクターの吹き出しまで読む。すると見開き二ページには、実に多くの情報が詰まっていることがわかる。

・小単元名
・一時間の題名
・学習課題
・資料(絵が一つ、グラフが二つ、図が三つ)
・本文一九行(およそ四八〇文字)
・学習の手引き四項目
・学習活動の指示一つ

一般的に学習課題や資料、そして本文には目が届くであろう。しかし、それらはあくまでも学習内容がメインである。すみずみまで読めば、授業づくりのためのヒントがストレートに教科書に書かれているのだ。

たとえば、風刺画の脇には「それぞれの立場に立ってせりふを考えてみよう」という学習活動の指示が小さく書かれている。そこで「子どもたちに実際にせりふをノートに書かせる。教科書の絵をプロジェクタで拡大投影させ、吹き出しを設けて典型的なせりふを発表させる」といった授業展

開がイメージできる。

②教師が絵やグラフなどの資料を読み取る意味

高学年の社会科にとって、教科書に出てくる資料は実に価値がある。「長篠の戦い」といったような本物の歴史資料がある。「沖縄と北海道の気温と降水量」といったような興味をそそるグラフもある。ビジュアルな写真は多くの歴史的事実、社会的事実を物語っている。

それらを教師は子どもたちに読み取らせるであろう。しかし、ちょっと待ってほしい。その前に教師自身が一回は読み取るのである。

たとえば、先の「日清・日露の戦い」の見開き二ページには、「日清・日露戦争の戦場」の図が掲載されている。「日清戦争の主な戦場」「日露戦争の主な戦場」「日清戦争での日本軍の進路」「日露戦争での日本軍の進路」が記号と線で書かれている。

この図からわかることを自分で読み取ってみる。日清戦争は朝鮮と清が主な戦場になっていることにはすぐに気づく。しかし、日露戦争はロシアが戦場になっていない。これは特徴的なことである。この点に子どもたちも気づくであろう。ただ、日本軍の進路の特徴を見つけるのには教師であっても時間がかかった。子どもたちにとっては難しい資料である。

このようなことが自分で読み取ってみればわかる。とくに、子どもたちの「資料の読み取りの限界を知ること」は必要である。そのような場合には一生懸命に考えさせるよりは、解説をメインに

教科書を何度も読む

■ 小見出しをつける
■ 授業づくりの視点と発問が見えてくる

した授業づくりにした方がよい。これは教師自身が読み取りをするからこそ、わかることである。

③本文を読み取る

地味だが、学習内容の一番の情報はやはり文字情報である。いくら教科書がビジュアルになったといっても、メインは本文である。

たとえば、日清戦争の部分の本文を読んでみる。一回読んでみると、日清戦争だけではなく、その前後の様子もわかる。二回、三回と読むと、一一行の記述の中に三つの段落があることが目に入ってきた。

今度はその段落ごとに小見出しをつけてみる。

・日清戦争が始まる前の状況
（日本と清が朝鮮をめぐって対立）
・日清戦争が始まったきっかけ
（朝鮮での反乱）
・日清戦争の結果
（日本の勝利、領土・賠償金を得て、清に朝鮮の独立を認めさせた）

これは、そのまま授業づくりで押さえる視点および発問に直結する。

・日清戦争前の状況はどうなっていたか

・戦争のきっかけは何だろうか
・どのような結果になったのだろうか

といった発問が出てくる。

さらに何度も読むと、本文の記述に特徴的な部分も見えてくる。たとえば、「日本が不平等条約をおしつけるなどして」という部分だ。「おしつける」というニュアンスは考えさせられる表現である。通常であれば、「結ぶ」であろう。そういう見方をしていけば、教科書の表現も深いものがあると感じる。

④資料を本文と照らし合わせる

資料と本文、それぞれを読み取ることの大切さを書いてきた。さらに一つ大切なことがある。それは、資料と本文がどう対応しているのか確認することである。

たとえば、「日本の戦死者」という題の棒グラフがある。日清戦争、日露戦争のそれぞれが示されている。日露戦争のグラフは、日清戦争の五倍ぐらいある。いかに激しい戦争だったかがわかる。

それが本文のどこにあるか確認をする。すると、「日本はリュイシュン（旅順）の戦いで、十三万人の兵士の半数近くが死傷するほど激しい戦いのすえに、勝利をおさめました」という記述が、このグラフに当てはまることがわかる。これらの例から、次のような発問が思いつく。

「このグラフからわかることは何ですか」

「それは本文のどこに書かれていますか」

資料と本文を照らし合わせる技能を身につけさせることができる発問である。

⑤一読者として考える

歴史の場合、教科書はきわめて客観的な記述になっている。事実や理由が淡々と述べられている。ここで教師自身が一個人として疑問に思うことや、感じたことを記録する。たとえば「当時の人々はこの二つの戦争をどう思っていたのか」「日本は当時の状況でどうすべきだったのか」といったことである。

これらは、そのまま子どもたちの発問に発展する可能性がある。そのために、自分が考えたことついては、教科書とは別に本やインターネットなどで調べてみる。

教科書研究のプロセスそのものが授業づくり・発問づくりになる

先の①〜⑤の教科書研究の例は、実は授業づくりに直結している。教師が行っている活動そのものを子どもたちが行うことによって、教科書を子どもたちなりに読み取れる。

また、各項目から出てきた発問は、そのまま授業で行う発問になる。

今回は、次のような授業プランができる（学習の流れと主な発問・指示）。

①風刺絵について話し合う

・絵の人物はそれぞれどこの国の人ですか。

・当時の状況を本文で確認しなさい。

・それぞれのせりふを吹き出しにして書きなさい。

②教科書の課題を確認する

・日本は、なぜ二度にわたって戦争をしたのだろう。

③戦争の様子と結果を読み取らせる

・教科書をすみずみまで読みましょう。

・図「日清戦争の戦場」からわかることは何ですか。

・日清戦争はどのような結果になりましたか。三つの内容を本文から見つけなさい。

・グラフ「日本の戦死者」「日本の戦費」から日露戦争の様子でわかることは何ですか。

・それは本文のどこに書かれていますか。

・日露戦争はどのような結果になりましたか。

④戦争について考えを発表し合う

・当時の人々は二つの戦争について、どう考えていたと思いますか。

プラス・アルファを加える

教科書の資料と本文で上記のように授業プランはできる。さらに授業を厚みのあるものにするためには、何かしらのプラス・アルファをするとよい。

簡単な方法は次の二つである。

・内容面でのおもしろ話、エピソードを入れる

・さまざまな活動を組み込む

面白話やエピソードは資料集に掲載されているだけではなく、本やインターネットでも調べられる。

たとえば、日露戦争で登場する東郷平八郎の肖像画がラベルになったビールがあるといったエピソードでよい。そのラベルも今やインターネットで探せる（グーグルなどの画像検索サイト）。写真を拡大提示して、見せるだけも迫力があるだろう。

子どもたちもちろん興味をもって話を聞く。子どもたちを社会科好きにする一手段である。

後者の活動には次のような例がある。

・○×クイズ（学習内容を○×クイズにする）
・音読（一斉に声を揃えて教科書本文を音読する）
・ロールプレイ（歴史上の人物になりきって役割演技を行う）
・人物インタビュー（歴史人物に「なぜ鎌倉に幕府を開こうと思ったのですか」といった仮想インタビューをする）

たとえば「日本・清・ロシア・朝鮮」の風刺画であれば、せりふを考えて実際に子どもにロールプレイをさせることができる。また、学習のまとめに「今日のまとめ○×五問クイズ」もできる。「日清戦争後に日本は朝鮮を領土にした。○か×か。（×…答えは台湾）」といった感じのものである。

これらの「活動ネタ」のよさは、応用が効くということである。内容のネタは一回限りのことが多い。しかし、活動ネタは他の単元でも通用する。自分の授業の特色にすることが可能なのである。

「授業づくりネットワーク」（学事出版）08年4月号「教科書発！かんたん授業プラン作成術（社会）」に加筆

3

いつものスタイルをブレーンストーミングで新陳代謝する

中級編 3 いつものスタイルをブレーンストーミングで新陳代謝する

必要な「新陳代謝」

自分なりの授業ができてくると授業が安定するようになる。「今日も定番の流し方でいいな」と思うようになる。効果があるのであれば、一定期間継続するであろう。

しかし、永遠に同じスタイルで授業ができるわけではない。そのスタイルに合わない教材もあるだろうし、子どもたちの実態も変わってくる。マンネリ化も心配である。

そこで、適度な新陳代謝が必要である。新たな手法を随時取り入れていく。それによって、安定した授業に厚みが加わる。

社会科の話し合いでブレーンストーミングを組み入れたことがあった。

ブレーンストーミングとは、参加者全員でたくさんの意見やアイデアを出し合い、そこから答えを見つけていくための手法である。私も、話し合い活動で気軽に活用している。「これからたくさんアイデアを出してください。四人組でブレストして」と言うと、子どもたちはすぐに顔を合わせ、話し合う。全体の前で一人一人がアイデアを出すときよりも、圧倒的に話し合いやすい。教室の雰囲気がワイワイガヤガヤと一気に変わる。話し合いの声もヒートアップし、勢いを増していく。

ブレーンストーミングをどのように行うか

ただし、単に「フリーで話し合えばよい」というのではない。そこにはいくつかの留意点がある。

ブレーンストーミングで大切にしたいこと

- 気軽に意見が出るように配慮する
- 出てきた意見を批判しない
- 付け加えの意見もＯＫ

まず、話し合いで出てきた意見を批判しないということである。「エー！」「それは、おかしいよ」と言われれば、気弱な子はそれだけで発言を控えるようになってしまう。逆に、「いいね」「なるほど」といった一言を出すように奨励したい。「気軽に考えを出す。だから『質より量』でいい」「他の人の意見をヒントにした付け加えもＯＫ」と言えば、子どもたちも気楽に話し合いに参加できる。

これらのことは、ブレーンストーミングを初めて行う場合には、必ず言うようにする。また、何度も行っている場合にも定期的に確認するとよい。

また、どの授業場面がブレーンストーミングに適しているか、教師は考えておく。基本的には子どもたちの発想を広げさせたいときが多い。たとえば社会科であれば、「グラフの読み取りの視点を広げさせたい」「まちづくりプランのアイデアを広げさせたい」といったときなどである。

具体的な話し合いの方法としては、次の二つがポイントとなる。

①グループの人数を決める

一般的には四人前後が限られた時間で話し合うには適切であろう。内容によってはペアで行うことも考えられる。それ以上になると「全員が参加」「各自の意見を尊重する」という点で厳しくなる。

②役割を決める

グループの中では司会者が必要になる。自由に発言させることが多いだろうが、発言が偏る場合

中級編3 いつものスタイルをブレーンストーミングで新陳代謝する

には、意図的に指名をしたり、順番に発表させる方法を取り入れさせたりする。その点は話し合いの前に伝えておく。

内容によっては、記録者も必要であろう。活発な話し合いになればなるほど、情報量は多くなる。それらを記録にとどめておくことは有効である。ただ、記録者に専念するのではなく、あくまでも話し合いに参加しながら行う。また記録の道具としてはミニホワイトボードが重宝する。気軽に書け、発表用のボードとしても活用できるからである（百円ショップでも購入できる）。

ブレーンストーミングだからこその反応

五年社会科で、ブレーンストーミングをして、未来の自動車のアイデアを出し合う実践をしたことがあった。四人組で時間は一〇分ほどである。

話し合いの様子を見ると、順番に指名していくグループもあれば、最初から自由に発言させるグループもある。出てきたアイデアは必要に応じて、ミニホワイトボードに子どもたちは書き込んでいく。

注目したのは、「アイデアの連鎖反応」である。

一人の子が「『人にやさしい』アイデアでハンディのある人にやさしい車があるといい」と発言する。すると、「そう、たとえば車いすに乗っている人でも簡単に乗れる車があったらいい」「ハンディある人でも簡単に操作ができる自動車だと便利」といったようにアイデアが連鎖反応で出てくるのである。

これらは、ブレーンストーミングの特徴であろう。他の人の考えに触発されて、自分の脳みそもフル回転して、そこから新しいアイデアが出てくるのだ。

また、もう一つ注目したことがある。

それは、学級全体で話し合うときには発言が滞りがちな子どもたちが、ブレーンストーミングのときにには見違えるようにいきいきと発言する場合があるということだ。あらためて「発言しやすい環境」をつくることの大切さを感じた。そして、そこでの「勢い」がそのまま、全体の発言でいかされる場合がある。

その点でもブレーンストーミングは、通常の学級全体での話し合いとは違う効果があると感じた。

定番のスタイルにこのような手法を部分的でいいから取り入れる。そうすることによって授業は「新陳代謝」し、活性化するのである。


「授業づくりネットワーク」(学事出版)07年10月号「活気ある話し合いの雰囲気を作る」に加筆

4

教育機器を授業の強力なサポーターにする

効果的な教育機器の活用

教育機器には、パソコン、ビデオ、CDラジカセ、テレビ、実物投影機、プロジェクタなど、実に多くのものがある。この中でいちばん活用しているのが「実物投影機＋プロジェクタ」である。例を示そう。

①教科書を拡大して映す

・社会科で絵・写真・グラフを拡大する。それをもとに話し合う。

・算数の数直線をそのまま映し、子どもが解き方の説明に使う。

教育機器を使うときの配慮

■ **機器使用が目的になっていないか**
■ **子どもの立場に立って使っているか**

・国語の長い教材文を一発で示すことができる。

②ノートを拡大して映す

子どもたちが書いたノートを実物で示そうとしても近くの子にしか見えない。

このような場合も①の教科書と同様に拡大して提示できる。ノートに書いた絵や図、解き方を子どもたちが説明するときに特に有効である。

③モデルを示す

原稿用紙の使い方は言葉だけでは説明しにくい。「次の行で一マスあけて」と指示をしても、違う書き方をしてしまう子が出てしまうものである。

このようなときに原稿用紙そのものをスクリーンに写す。マーカーでスクリーンに書き込みができるので、原稿用紙の使い方を教師がモデルになって書くことができる。

④細かい作業を紹介する

家庭科の裁縫で玉結びといった細かな活動は、教卓の前に子どもたちを集めても見えにくいものである。そこで作業の様子を映し出すことで細かな作業の様子がわかる。

これらの効果は大きい。とくに教科書を拡大した場合は抜群だ。子どもたちの集中度合いが違うし、理解度もアップする。その点では授業の強力なサポーターである。

教育機器活用の落とし穴

ただし、教育機器活用にも落とし穴がある。

専門家による薬物乱用防止の授業を参観したことがあった。プレゼンテーションソフトを使った授業だった。一時間の授業のためにかなり準備したようだった。

しかし、その授業に子どもたちが途中から飽き飽きしているのが手にとるようにわかった。最初から最後まで全てスライドを見せての説明ばかりだったからだ。最初は写真に興味を示した子どもたちも、一方的な説明ばかりだと興味も失う。しかも、専門用語が多く理解も不十分。話し手が聞き手の様子を見て、「あっ、子どもたち飽き始めているな。ここで問いかけてみよう」と考えてくれればいいのだが、それもない。

効果的な教育機器があっても、その活用方法が不適切だと逆効果になってしまう。

これは私も経験したことがある。六年の社会で歴史関連動画を部分的に見せていた。二～三分程度の短いものである。短いが故に四五分の授業では大変効果的だった。子どもたちも集中してみる。ところが、ある授業で短い動画を五本連続で見せたことがあった。一本一本は短くても五本だと十数分になる。連続すると子どもたちの集中力も鈍る。動画に飽きた子も出てきた。

ただ、これはこれで「教育機器は効果的に活用してこそ意味がある」ということを強く実感するきっかけになったので、その点ではいい経験にはなったが。

日常の授業力がベース

授業にはいくつかの技術が必要だ。発問・指示にはこつがあるし、板書にも技術が必要だ。教育機器の活用を自分のテーマにすることによって、そういう技術の一つとして機器活用が、自分の授業の持ち駒に一つ増えた。

それは決して特別なものではなく、あくまでもレパートリーの一つである。「効果がありそうだ」というときに活用すればいいし、不要なら無理に使う必要はない。

いくら教育機器の性能がアップしても、基本的に教師に必要なのは授業力であり、その力をサポートするのが教育機器なのである。そういう位置づけを理解したうえで活用すれば、教育機器は実に効果的な武器になるのである。

5 ミニネタも活用次第

ミニネタ「いくつ言える！先生と勝負」

交通事故が起きました 誰が来るでしょうか？
10個以上考えついたらみんなの勝ち！
警察の人
救急車の人
見学の人
10個に近づいてきた！

ミニネタを授業に取り入れる理由

「今日は、地名あてゲームをします」

「イエーイ！」

子どもたちの満面の笑顔を見たら、「学習ゲームはやめられない」と思う。「あー、おもしろかった！」「次もしてください！」なんて言われたら最高である。

もともと若い頃から、学習ゲーム・学習クイズを授業に取り入れるのが好きだった。授業の腕が未熟なだけに、それらの学習ゲームで子どもたちが喜ぶのがたまらなかった。

そのうちに、本格的にミニネタを追究している

POINT!

ミニネタは授業の展開・まとめでも活用できる
ミニネタ一つで子どもの集中度はアップする

先生方を知るようになり、「これは授業での大きな武器になる」と感じるようになってきた。

上條晴夫氏は、ミニネタを次のように定義づけている。（『やる気と集中力を持続させる社会科の授業ミニネタ&コツ101』上條晴夫監修　佐藤正寿編著　学事出版より）

①ミニネタとは、短い時間（五～一〇分を目安とする）で扱えて、子どもたちの興味・関心を強く引く教材のことである。

②教材には「問題」「文章」「教具」「（学習）活動」という四つの存在形式がある。ミニネタでは、四つ目の「活動」を中心にして「『楽しく体験的に学ぶ』ちょっとした仕掛け」が必要とされている。

「短時間」「活動中心」という点がポイントである。短時間であれば、自分の授業スタイルに挿入することが簡単にできる。また、活動中心というのであれば応用が効く。活動方法を別の学習内容でもそっくりそのまま活用できる。その点も魅力だった。

一般的にミニネタは導入段階での活用が多いと思われる。たしかに導入で子どもたちの興味を引くことは大事だ。しかし、追試したり、自分でミニネタ開発をしたりしているうちに、学習過程のどの段階でもミニネタの活用が可能だとわかってきた。社会科の学習過程（導入段階・展開段階・終末段階）を例にして説明する。

中級編 5 ミニネタも活用次第

導入段階は「のせる」「方向づける」

導入段階では子どもたちの学習意欲を一気に高めたい。そのためにミニネタを準備する。特別な準備もいいが、教科書にある絵でもそれはできる。次に紹介するのは、中学年の「安全なくらし」で交通事故の絵を使ったミニネタである。

いくつ言える？ 先生と勝負

①「市役所の前で交通事故が起きました。誰が来るでしょうか。考えられるだけグループで考えなさい」と指示をする。

②さらに、「全グループ合わせて一〇個以上考えついたらみんなの勝ち、それより少なかったら先生の勝ちとします。ただしだぶっているものは一つと数えます」と付け加える。三分間、考えさせる。

③子どもたちは「警察の人」「救急車の人」「ガス会社の人」「見学の人」……というようにがんばって考える。グループでは一〇個には達しないものの全グループで発表していくうちに一〇個前後になり、盛り上がる。

④クリアーの個数は学級の実態に応じて変えるようにする。

交通事故の絵を使う場合、一般的には「誰が来るでしょうか」という発問を教師が出し、子どもたちが答えるというパターンが多い。

そこに「子ども対先生」という対戦形式を持ち込む。これだけであるが、「先生に勝つぞ」という意欲が高まり、子どもたちが燃える。子どもたちはどんどんとのってくる。ミニネタ活用のメリットの一つである「楽しい状態」である。楽しい雰囲気にするのは教師の役目である。

そのために教師は次の点に留意する。

- 「さあ、もっと出して！出して！」とテンションを上げ、話すトーンを変える
- 「それはすごい！」「すばらしい！拍手！」と子どもたちにかけ声や拍手を求める
- 子どもたちの発言や動きに、体を動かしてリアクションをする

これらを繰り返すことで、導入段階で学級全体が明るい雰囲気になる。

ただ大事なのは、そういうゲームやクイズ的な活動がその時間の学習内容に関連づけられていることである。先の発表内容は、「一つの事故に多くの人々が関わっている。なぜだろう」という学習課題に結びつく。いわば、学習内容の方向性を規定するものである。ミニネタの内容から授業を深めていくことが前提なのである。

中級編 5　ミニネタも活用次第

展開段階で思考力を伸ばす

展開段階で重要なのは学習内容を深めるということである。一般的には、資料を調べて発表したり、話し合ったりすることが多い。

しかし、発表時間が長かったり、一部の子だけによる話し合いになったりすると教室全体が「飽きている状態」になる。

そこに一つミニネタを入れるだけで、授業は変わる。たとえば、私は「賛成・反対コンテスト」を話し合いで入れることがある。社会的な事象には「賛成」「反対」で意見が分かれる場合がある。このコンテストはそのような学習内容が対象である。

「賛成・反対コンテスト」

①（五年の農薬の例）ひと通り農薬のメリット、デメリットを学習した後に、「テーマは『米作りには農薬を使った方がよい』です。これに賛成の理由、反対の理由をそれぞれ三つずつ書きなさい」と指示をする。

②「賛成、反対のどちらから書いても構わない」ことを伝える。

③書いた後、班で一人ずつが発表する。「納得度」を基準にナンバー1を選ぶ。一番票が集まった子がコンテストのチャンピオン。

ミニネタ使用場面別の目的

- 導入 ― 学習内容の方向性を示す
- 展開 ― 学習技能を身に付ける
- 終末 ― いつもと違うまとめ方を

このミニネタのよさは、複眼的な思考力が育つということである。討論の学習では賛成派、反対派のどちらかの立場にたつが、このコンテストではどちらの立場も考える。

また、班でお互いの発表を聞くことにより、自分の思いつかなかった考えを学ぶことができる点もメリットである。

なお、これらは「賛成」「反対」のどちらが正しいか決めるものではない。「納得度が基準」という趣旨を最初に話しておくとよい。

展開段階で学習技能を伸ばす

社会科の展開段階で重視したいことの一つに、学習技能をいかに育てるかということがあげられる。たとえば、「グラフや表の見方を覚える」「見学技能を身につける」といったことである。これらもミニネタを活用することによって、魅力的な活動になる。見学技能を育てる例を紹介する。

「吹き出し質問トレーニング」

①教科書に子どもたちが地域の人に質問をする写真がある。それを活用して見学の質問をトレーニングするミニネタである。

②子どもが質問をしている教科書の写真に吹き出しの枠を書かせる。

③「かまぼこ工場で働いている人に君たちだったら何を質問しますか」と問い、教科書にじか

に書き込ませる。

④書いた質問を発表させる。

⑤ペアで、教科書の写真のように「質問をする人」と「答える人」になって本番の通りにふきだしの質問を言ってみる。

⑥実際の質問トレーニングの前に、「写真ではどのようにして質問をしていますか」と聞き、「相手の目を見ている」「メモをとりながらしている」といったことを引き出すこともよい。

このミニネタでは、写真から「どのような質問内容がいいか」を考えることができる。また、写真をもとに質問場面のトレーニングもできる。むろん、実際の質問する活動で役立つのは言うまでもない。

ミニネタはただ単に楽しいだけではない。このようなミニネタでは、楽しい活動をしながら、子どもたちが一定の学習技能を身に付けるものになっている。

終末段階はミニネタでまとめる

一単位時間の終末段階では、学習した内容をまとめたり、振り返ったりするであろう。そのときに、私はキャッチコピーでまとめることが多い。

まとめはキャッチコピーで

①その時間で、印象に残ったキーワードを抜き出す。
②それらを組み合わせたり、別の言葉を入れたりしてキャッチコピーを作る。「ふく、ぼうし、エプロン、みんな白」（おかし工場で働く人の工夫）といったシンプルなものでよい。
③つくったキャッチコピーをグループで紹介し合う。その中でグループの代表を選ぶ。
④全体の前で代表のキャッチコピーを発表する。それが、その時間のまとめとなる。

もともと、キャッチコピーづくりや標語づくりは単元のまとめの発展学習でよく行われる。このミニネタは、それを一単位時間の授業のまとめで行おうとしたものである。まとめがいつも「教師が黒板に書いたものを写して終わり」というのであれば、変化をつけてみよう。このキャッチコピーもその変化の一つである。

このミニネタのメリットは、一時間の学習内容が代表者によるキャッチコピーによって、ずばり理解できるという点である。それらが積み重なると単元全体で学習した時間分のキャッチコピーができる。それらは、単元の新聞づくりなどの見出しにそのまま活用できる。

ミニネタの活用目的を明確に

「ミニネタ」はあくまでも「ミニ」である。そのネタは一時間ずっと通して使うものではない。使う場面は指導目的に応じて異なる。逆に言えば、ミニネタの活用目的を教師が明確にすることによって、活用場面は限定されてくる。

ここで紹介したミニネタは一時間の各段階の目的に適応したものである。一時間に一つ組み入れただけで、子どもたちの集中度・熱中度は変わってくる。

ミニネタを目的に応じて教師が活用することが、指導過程に上手にミニネタを組み入れるこつなのである。

（ここで紹介したミニネタは、『やる気と集中力を持続させる社会科の授業ミニネタ&コツ１０１』上條晴夫監修　佐藤正寿編著　学事出版に掲載されているものである。）

「授業づくりネットワーク」（学事出版）09年3月号「各段階でミニネタの活用目的を明確にする」に加筆

6

ゲストティーチャーを招くときは質問をメインに

質問の時間を半分以上に！

「き・く・よ」を聞こう

ゲストティーチャーに質問をする授業のよさ

ゲストティーチャー（以下「ＧＴ」と略）を招いたときには、「質問がメイン」の授業スタイルにしている。実践をして次のようなよさを感じている。

・子どもたちが主体的に授業に参加する
・ＧＴの説明中心の授業よりも学習内容が深まる
・ＧＴの個性が伝わってくる
・ＧＴとの心の交流が深まる

中級編 6 ゲストティーチャーを招くときは質問をメインに

ＧＴは専門家が多い。子どもたちはその分野について、事前にある程度追究をしており、ＧＴに聞きたいことも多い。しかし「説明がメイン」の授業スタイルなら、専門家の説明が中心になり、子どもたちの聞きたいという欲求も満たされないまま授業を終えてしまう場合が多い。「質問がメインの授業」を行うと先のよさの通り、その点が克服されるのである。

この「質問がメイン」の授業は、「授業づくりネットワーク」（学事出版）二〇〇〇年八月号で上條晴夫氏が、「『質問する技術』を教えたい！」で提案されていたことであった。この方法を知ってからＧＴを招いた授業は大きく変化した。

質問するための具体的方法

「質問がメイン」の授業にするためには、当然のことであるが、「子どもたちが事前に質問を用意する」ことが大切である。粗く分けると次の二種類の質問がある。

①ＧＴに関わる専門的な質問

ＧＴはその道のプロである。質問をしたこと以上の価値ある情報が得られるはずである。ただし、自分で可能な限り調べてから質問をすることが前提である。

②ＧＴ自身に関わる質問

たとえば、その道に関わるようになったきっかけや苦労、喜びなどである。先の例の通り、

POINT!

ゲストティーチャー授業の成功の原則

- お話１：質問 2,5 の時間配分に
- 子どもに予め質問を準備させる
- 教師が質問をコーディネートする

この質問によりＧＴの人間性を子どもたちも感じ取ることができる。

むろんその場でお話を聞いてのフリー質問も受け付けるようにする。

質問の時間は半分以上に

授業構成ではまず質問の時間を十分に取るようにする。たとえば「ＧＴのお話一〇分から一五分、質問＋ふり返りが二五分から三五分」というようにする。つまり、授業時間の五割～六割は質問の時間なのである。

一般的にＧＴを招いた質問の時間は多くて一〇分、少ない場合には二～三分であろう。「できるだけＧＴに話していただきたい」と考えるからだ。しかし、質問をする中でＧＴには十分に話してもらえる。むしろ、質問があるからこそ深まった話をしてもらえると実感している。であれば、十分に時間が保障されてこそ、この授業スタイルのよさが出てくるのである。

また、質問の質を高め、量を増やす工夫をしたい。たとえば、班ごとに質問ベスト3を選んでおき、それを班で一つずつ交代で質問をしていく。また、「自分が考えた質問についてＧＴが話の中で触れた場合には質問をしない」「他の人が似た質問をした場合には、関連質問として付け足して言う」といったルールをつくっておくのである。

なお、教師の立場は質問を束ねるコーディネーターである。質問を関連づけたり、質問の意図を

中級編 6

ゲストティーチャーを招くときは質問をメインに

問いただしたりする。そのためには、ＧＴを招いても授業の主導権は教師が握っている方がよい。

授業例「お米のＧＴに質問をしよう」

①事前に準備をする

五年生担任のとき、総合的な学習で「お米を育てよう」という学習を行った。バケツで稲を育て収穫をする学習だけではなく、有機栽培・農薬・お米の祭り・お米の商品・全国のお米など、お米に関わる発展的な内容を学習するというものである。

一〇月に稲を刈り取るときに、せっかくの機会だからということでＧＴを招いた。県の機関である農業改良普及センター普及員である。地元を中心した地域で農家の技術指導する仕事をしている。

事前に子どもたちにＧＴの仕事について知らせた後、「お米のプロであるＧＴへの質問を考えましょう」と投げかけた。

むろん質問をするためにはその前提となる知識が必要である。刈り取りからの作業の様子、今年の米作りのこと等を資料等から学んだ後、質問を考えさせた。子どもたちから出てきたのは主として次の三つであった。

・稲刈りをしたあとの作業の質問
・今年の米作りについての質問
・ＧＴ自身に対する質問

ゲストテーチャー授業が深まる質問は

- ■ **ゲストの専門性にかかわる内容を中心に**
- ■ **ゲストの人間性にかかわる内容でまとめる**

前二つにはＧＴの専門性に関わる質問、最後は人間性に関わる質問である。

②当日、「質問効果」を感じる

当日、稲の穂を取り、脱穀をしたあとで子どもたちの質問タイムである。まずは専門的なことを聞く。子どもたちが事前に用意していたものである。

「（籾米の）乾燥はどれぐらい行えばいいですか」

「一週間ぐらいあればいいです」

「今年は不作と言われています。寒かった天気が理由だとニュースで言っていました。その他に理由はあるのですか」

「病気もはやりました。いもち病です。低い温度はいもち病にとってはいい温度なので、はやったのです」

「不作で米がとれないときには、どう思いますか」

「とても悲しいです。毎年同じことをしている人もその年の天候によってよくとれたり、とれなかったりするので、自然の力は大きいものだと思います」

このように、お米についての専門的な質問を子どもたちはどんどんと行っていった。ある程度知識がある子はその知識を組み入れながら、質問をしていた。教師もコーディネーターとして、子どもたちの質問を関連づけたり、意図を聞き返したりした。

その場で思いついた質問もさらに受け付けて、専門的な質問を終えた。質問に答えるＧＴの口調は滑らかであった。まさに「質問効果」である。

③「き・く・よ」で人間性に迫る

次に農業改良普及員さんに対する質問である。私の学級では、人に取材をする場合に合言葉は「き・く・よ」にしている。子どもたちには「質問だから『聞くよ』と覚えなさい」と言っている。次のような意味である。

・「き」…そのことを始める【きっかけ】
・「く」…やっていての【苦労】
・「よ」…やっていての【喜び】

きっかけ・苦労・喜びのそれぞれの頭文字をとって「き・く・よ」なのである。このときもその視点からＧＴに質問をしていた。

「この仕事をしようと思ったきっかけは何ですか」

「大学で農業のことを学びました。そして農家の人たちと知り合い、大変お世話になりました。そこで恩返しができれば……ということでこの仕事につきました」

柔らかな表情でＧＴが答える。やはり自分自身のことなので専門的な質問のときとは違っている。

一番人間性が見られたのは次の質問のときである。

「この仕事をやっていて一番の喜びは何ですか」

質問にしばし考えてから、次のような答えが返ってきた。

「農業普及員をやっていて難しいと思うことの方が多いのです。でも、若い人が自分と関わることで技術が高まってどんどん育つことが一番の喜びですね」

この発言に、子どもたちはＧＴの自分の仕事に対する誇りを感じたのであった。

今まで、「話が専門的過ぎて子どもたちが飽き飽きしている」「ＧＴに丸投げして授業のねらいからずれていっている」という授業を見てきた。ＧＴのよさがいかされずに終わってしまっている。その点、この「質問がメイン」の授業は、ＧＴを招いた授業を劇的に変化させる。子どもたちにとって印象に残る授業になるのである。

「授業づくりネットワーク」（学事出版）03年12月号「ゲストティーチャーに質問する授業」に加筆

7

「小さな教材開発」を重ね「定番教材」に

教え子の授業回想

「自分なりに開発した教材で授業を行うことによって教師も子どもも授業が楽しくなった」という経験は誰にもあるはずである。

初任のときに担任した子たちが二〇年ぶりに同級会を行うというので招かれた。当時の思い出話をしているうちに授業の話になった。

「俺は社会が苦手でいやだった。でも、五年のときに岩谷堂タンス工場の見学に行ったときには感心した。漆塗りの職人の技が見事でね。家に帰ってからもその技を見に行って、授業で発表をした

POINT!

苦手教科での定番教材開発は、
→１時間ものに取り組むことから出発する

り詳しく新聞にまとめたりした。あの勉強は楽しかった」

子どもの頃のしかも二〇年も前の楽しかった授業のことを覚えている……これは本物だと思った。この岩谷堂タンスの授業は五年社会で行った実践である。地元の伝統工芸を単元丸ごと教材開発をして臨んだ授業であった。私自身、単元に入る前に資料を集め、実際に工場に行き取材をして、授業で写真やタンスの実物を活用したものだった。教材開発に時間をかけた分、子どもたちも夢中になって岩谷堂タンスとそれを作る職人の技のすばらしさ、そして職人の思いを追究したものだった。

教師であれば、このような独自の教材開発をすべきだと思う。自分の得意教科・専門教科であれば可能であろう。

苦手教科でも可能な教材開発

しかし、単元全ての教材開発は自分の得意教科といってもなかなかできないものである。小学校の教員であれば、翌日の五～六時間の授業準備が毎日ある。かなりの時間とエネルギーを必要とする単元丸ごとの教材開発を学期に一つ行うだけでも、すばらしいと思う。

ただ、一時間の授業の教材開発は別である。先の単元丸ごとに対して、一時間のものを私は「小さな教材開発」と言っている。これなら自分の得意教科でなくても可能である。

家庭科は私自身指導することが得意の教科ではなかった。そもそも不器用であるから裁縫や調理の見本が見せられない。同学年の他学級のエプロンは上手に仕上がっているのに、我が学級は今ひとつ。子どもたちに申し訳ないぐらいだった。

そんな自分でも、家庭科で教材開発できる分野があった。消費者教育である。消費活動に関する情報は、子どもたちにとって身近なものである。事実、子どもたちは日常生活の中で、お菓子、衣料品、玩具類など、さまざまな消費活動を行っている。また、そのような消費活動を促進するテレビコマーシャル、雑誌などでの宣伝も盛んである。

そんな状況の中で、子どもたちに「情報リテラシー（情報を読み解く力）」が必要と考えたのである。情報を、自分なりの見方で適切に生活の中に取り入れ、判断をし、消費活動の意志決定をするようにさせたいと感じた。

方向性が決まれば、次は何を教材にするかである。子どもと同じ視点をもつために、スーパーに入り、お菓子コーナーやおもちゃコーナーをのぞく。実際にスナック菓子をとってみる。パッケージには実に多くの情報が書かれている。

そのときにふと思った。「子どもたち自身は、このようなパッケージの情報を見ているのかな……」と。もし、情報を見ている子が少ないのであれば子どもたちの視野を広めることができるのではないか。「発見！パッケージの秘密」という授業を展開することにした。実際に私自身が特徴的なパッケージを簡単に分析し、子どもたちへの発問を考えた。「小さな教材開発」であるから、かかった時間はトータルでも一時間ほどである。

家庭科での情報リテラシーを高める

実際の授業では、子どもたちに家にある商品パッケージをもってきてもらった。お菓子の袋、カレー粉の箱、空き缶……教室に並べると壮観である。それらを最初に紹介をする。「あっ、それ食べたことがある」「へえ〜、そんな物もあるんだ」と子どもたちは興味深そうにパッケージを見つめる。そこから、次のような発問・指示で子どもたちに考えさせた。

・商品のパッケージに書かれているものを発表しなさい。
・どんなことを思ったか。
・これらの情報がもしパッケージになかったら、どんなことが困るか。
・それらのパッケージの工夫には、どんなよさがあると言えるか。
・パッケージを見て買ったけど、失敗した点はなかったか。
・あなただったらパッケージを見て、これからどんなことに気をつけて商品を購入するか。
・感想を発表しなさい。

この授業で子どもたちのパッケージを見る視野は広がった。「はじめてよくパッケージを見ていろいろな事がわかった。パッケージは便利だと思った」「パッケージというのは、私が考えているよりも重要な役割があることがわかった」という感想にもそのことが表れている。ねらいとしていた家庭科における情報リテラシーも高まったのである。

家庭科という不得意教科。パッケージという身近なものを題材とした教材。準備したいくつかの指示と発問。それでも子どもたちは興味を示し、パッケージの見方が明らかに変化した。「小さな教材開発」でも効果は大きかったのである。

さらに大きいのは、それらが「定番教材」として実践できるということである。この「発見！パッケージの秘密」はその後五、六年を担任したときには必ず実践をしていた。毎回子どもたちからは豊かな反応を引き出すことができた。

このような小さな教材開発なら年五～六本程度は可能であろう。二か月に一本開発すればいいのである。それが一年、二年……一〇年と積み重ねられれば多くの「自分なりの定番教材」をもつことになるのである。

8

「先生は○○の話が得意」と言われたら本物

採用試験の面接官の話

教員になる採用試験の面接官からの次のように言われた。

「私は昔話を語るのが好きで、授業で時間があるときにはよく話しました。もちろん、本は見ずに子どもたちを見て話します。そうすると、落ち着きのない子もシーンとして聞くんですよ。子どもたちも『また話して』と楽しみにしていました」

たしか、「あなたの得意なことは何ですか?」と聞かれたときのエピソードだったと記憶している。自分が何を答えたかは忘れたが、面接官のこ

中級編 8 「先生は○○の話が得意」と言われたら本物

の話はずっと印象に残った。

しかしながら、授業で子どもたちに「語るべきもの」をもたない自分は、そのエピソード通りにはならなかったし、すっかり忘れてしまっていた。

やがて海外派遣研修で二か月間、アメリカ合衆国を訪問する機会があった。ホームステイをしながら、現地の学校を視察したり、飛び込みで授業をさせてもらったりした。その中で痛感したのは、「日本のよさ、すばらしさをもっと子どもたちに伝えなくては」「子どもたちが自国のことについて語ることができるようにさせたい」ということであった。考えてみれば、自分が得意である社会科はそれにふさわしい教科である。

そのときに鮮明に思い出されたのが、採用時の面接官の先生の話だった。それからである。学習内容に関連づけて日本の文化の話をしたり、伝統行事をちょっとした時間を使って話したりするようになったのは。

「中秋の名月」を語る

もっとも自分に深い知識があるわけではない。たとえば、「明日は七夕です」とテレビのニュースでやっているのを見ても、子どもたちが知っている程度の話しか知らなかった。これでは、子どもたちにとっては新鮮味がない。市の図書館等に行って本を借り、それをもとに話を考えていたが、時間がなくなるとそれもできなくなることもしばしばだった。

5分でいい、マイテーマを見つけて子どもたちに語ろう

しかし、インターネットの出現で事情は変わった。明日、子どもたちに「中秋の名月」について話をしたいと考え、検索用サイトにキーワードを入れると、いくつも興味をそそるサイトが出てくる。「これは基本的な説明にいいサイトだ」「こちらはクイズにしたらおもしろそうだ」……そんなふうに、どんどん頭が働く。もちろん、インターネットを活用する場合、複数のサイトをあたって信頼できる情報であるかどうか判断することが必要である。

調べたことをもとに五分程度のプランを立てる。短い時間であるから、中心部分プラス子どもたちが興味を示しそうなエピソードで十分である。

先の中秋の名月の話だったら、次のようなことを話す。

・中国で始まり、今から千年ぐらい前に日本に伝わってきた
・この中秋の名月は、「芋名月」と言われている
・芋の他に団子・栗・枝豆・ススキ等をお供えする
・ススキを捨てずに庭や田に刺す地域もある。魔よけのため
・江戸時代にはお月見を一回だけではなく、二〜三回もしていた地域もある

このような話は子どもたちも興味をもって聞くものだ。ただし、一方的に話すのではなく、子どもたちとやりとりをしながら話すと盛り上がる。「中秋の名月は別名『□名月』を言われている。何だと思う？□には食べ物が入ります」と言うと、次々と子どもたちから出てくるであろう。また、

中級編 8 「先生は〇〇の話が得意」と言われたら本物

最後には「私たちの祖先は、実りの秋に感謝をして食べ物をお供えしてお月見を楽しんできました。今日は昔の人のようにお月見をしてみよう」と投げかければ、日記に書いてきたり、翌日「昨日お月見したよ」と話してきたりするものだ。

「マイテーマ」をもってこそ本物

教師であれば、このような子どもたちに話す「マイテーマ」をもちたいものである。そして、学習に関係あるとき、あるいは授業が早く進んで時間が余ったときに、子どもたちに語るべきだ。先の面接官のように昔話でもいい。大学時代研究した分野もいいだろう。宇宙や歴史のおもしろエピソードなどは、ロマンある世界に子どもたちを誘うことができる。

「担任の先生はどんな先生？」と聞かれたときに、「よく宇宙のおもしろい話をする先生」と言われたら本物である。

9 学習ゲームを活用する

学習ゲーム「都道府県３クエスチョンゲーム」

ペアで「都道府県３クエスチョンゲーム」

私の定番「都道府県3クエスチョンゲーム」

四年生以上を担任したときによく行う学習ゲームがある。

「都道府県3クエスチョンゲーム」というものである。

教師があらかじめ決めておいた答え（都道府県名）を子どもたちが質問をしながら当てるというものである。

たとえば、「大阪府」が答えとする。

「では、質問どうぞ」

「それはどの地方にありますか」

「近畿地方です」

子どもたちは、地図帳の日本地図でさっそく近畿地方を見る。二つの府と五つの県があることがわかる。

「それは海に面していますか」

「面しています」

近畿地方で海に面していないのは奈良県と滋賀県。ここで五つに絞られる。同時に奈良県や滋賀県の位置を確認することになる。

「どんな形をしていますか」

POINT!

学習ゲーム
４大効果

- 授業が盛り上がる
- 知識が定着する
- 発表意欲が向上する
- ペア・グループ学習に利用できる

「小さな三日月です」

改めて残りの府や県の形に注目する。形も都道府県を覚えるための重要な要素だ。「わかった！」と次々と声があがる。

「答えをどうぞ」

「大阪府！」

「正解です（答えを書いていた紙を見せる）。合った人は一ポイントゲット！」

一つのゲームが二分程度。授業のはじめに三問程度行う。子どもたちには好評である。

質問にもいろいろなパターンがある。先のような質問の他に、「県庁所在地と県名が同じですか」「半島がありますか」「隣の県は一つだけですか」といったような地図帳を見ているからこその質問も出てくる。子どもたちも考えるものである。

授業開始から子どもたちは大盛り上がりである。

学習ゲームの効果

この学習ゲームのよさは何といっても知識が身に付くという点である。子どもたちは暗記しようとしなくても、ある程度学習ゲームをしながら自然と都道府県を覚えていく。条件に当てはまる都道府県を探すのであるから、頭もフル回転する。むろん、この学習ゲームだけで全て覚えられるわけではなく、フラッシュカードを白地図に都道府県名を入れるテストも併用しながら覚えるようにする。

また、子どもたちが地図に興味を持つようになる。地図帳に触れる回数が多ければ多いほど意欲が高まるのは当然である。ニュースやテレビ番組での都道府県の情報にも関心が高まるようになる。

さらに副次的な効果として、発表への意欲もプラスになる。「質問する」という行為は「答えを発表する」のに比べて、気軽にできるものである。しかも、「どこの地方ですか」といった決まり切ったパターンの質問は誰にでもできる。ふだんなかなか挙手しない子が発言するチャンスともなる。

なお、違うバージョンとして「ペア（グループ）都道府県三クエスチョンゲーム」ができる。教師不在でも自分たちで楽しめる。給食の待ち時間に隣同士でやっているパターンもあった。

ただ盛り上がるだけではなく、これだけの効果があるので、私の学級では「定番」の学習ゲームとなった。

「学習ゲーム」導入で広がる指導

もともと、ゲームを学級で行うことは大好きだった。初任時代に研究会で教わった集団づくりゲームは、学級づくりがうまくいかない中で一定の効果があったからだ。授業中でも、子どもたちを集中させるためにパッと行うパターンだった。ただ、それはあくまでも授業の中では中心とはならない。しっかりと教えるための付属的な位置づけだった。

やがて「学習ゲーム」という存在を書籍や研究会で知った。これは付属的なものではなく、学習ゲームそのものが中心となる指導法の一つであった。発問や指示、準備物も書かれている実践例が多く、追試もしやすかった。何よりも、先に述べたような効果が子どもたちから表れたのが嬉しかった。

これらの事実は私自身の授業に対する見方を広げることとなった。「学習ゲームが効く場面では積極的に導入していこう」というものである。社会の場合で言えば、地図指導でいろいろなパターンの学習ゲームを取り入れていった。その結果「地図帳大好き」という子どもが増え、「先生、小学校のときにいっぱい地図で覚えたことが中学校でもとっても役立ちました」という声もときどき耳にした。

まさに「学習ゲーム」は効果的な指導法の一つなのである。

発展編

授業で子どもを育てるために意識したい8つの視点

1 明るいトーンを意識しよう

「あの先生の学級はいつも明るい」

同僚ですばらしい学級経営をする先生がいた。授業では子どもたちが積極的に発言するようになる。音楽ではすてきな表情で歌うようになる。友だちを思いやる温かい雰囲気の学級になる。そして、何よりもどの子たちも明るくなる。「あの先生の学級はいつも明るい」というのが、その先生の学級経営を表していた。前の学年のときに心配されていた子も、明るい表情で過ごすようになるのである。

その先生に聞いたことがあった。

「どうしたら、ああいう明るい学級になるのですか？」

「えっ、あははは。そうだわね。私が明るいからかしら……」とその先生は、明るく笑顔で答えた。

「あっ、そうか」と思った。先生の明るさが子どもたちにそのまま出ているんだと。

「学級が担任の行動に似てくる」という話を聞いたことがある。考えてみれば当たり前のことだ。

発展編 1　明るいトーンを意識しよう

子どもたちは担任の先生の行動を「モデル」として見ている。先生が明るい行動をとれば子どもたちも明るくなる。

担任ではなくなって、あちこちの学級に入るようになるとこのことを痛感するようになった。学級によってまったくカラーが違うのである。授業に一回入っただけで、「この学級は明るい」「行儀がよい学級だな」「いつも何となく暗い雰囲気だなあ」というように、その違いを実感する。

それは、子どもたちの行動にも反映する。授業で落ち着かない子がいると、ある学級では「○○君、静かにしなさい！」と厳しい声が響いた。それが、別の学級では落ち着かない子に「ほらっ、先生を見て。教科書は一五ページだよ」「（教科書を指さして）ここだよ」と学級で優しく包み込んでいる。つまり、担任の行動がそのまま子どもたちに移っているのである。

その点では、学級の子どもたちの話す言葉を注目するといい。「じゃまするのはやめなさい！」「何回言ったらわかるの！」といった「冷たい言葉」が並ぶようなら、自分がそのように話していないか振り返ってみるべきだ。「そういう子どもが多い」わけではない。担任のカラーがそうさせているのだ。教師をモデルにして、子どもたちは育つのである。むろん、よきモデルでありたい。

これらは担任時代には実感できないことであった。「担任にならない」ということは、小学校教師からすれば回り道に思われるかもしれない。そこでしか発見できないこともあると思っている。

明るいカラーはつくれる

「人の性格は簡単には変わらない」と思っているかもしれない。たしかに性格はそうかもしれない。しかし、大切なのは性格ではなく教師の行動である。行動が変われば、教師のカラーも変わる。キーワードは「明るいトーン」である。

たとえば、教室に入るときに明るく「おはようございます！」と元気に笑顔で入っていく。子どもたちからも明るい声が返ってくるであろう。返事が返ってこないときには、また「おはよう！」と言おう。繰り返しているうちに、明るく返してくれる子どもたちは必ず多くなってくる。

授業も、明るく自信のある声で進める。小さくぼそぼそとした声では、学級全員の心には届かない。もっとも、威圧的な話し方とは別である。いきいきとした表情ではきはきと話したい。

私は、休み時間にトイレに行ったときによく鏡を見ていた。笑顔づくりの練習である。どんなに忙しくても、鏡を見て笑顔をつくってみる。すると、教室に入ったときに自然に笑顔になった。トイレの鏡は私にとっての「笑顔製造機」だったのである。

明るい子をいかす

「自分は明るくしているのだが、なかなか子どもたちが笑ってくれなくて……」というのであれば、教師がよく笑う存在になればよい。学級の中には、友だちを笑わせるのが得意な子が一人はいる。

その子たちのキャラクターを授業の中で、どんどん引き出していくのである。たとえば指名をしてその子たちがおもしろいことを言ったら教師が進んで笑う。子どもたちからも笑いがこぼれるであろう。もっとも、下品なネタの笑いは慎まなければいけないが。

子どもたちを無理に笑わせる必要はないが、子どもたちが笑ってしまう失敗談はいくつかもっていた方がよい。「小学校の修学旅行で夜遅くまで起きていて先生に見つかった。すぐに廊下で正座させられ、翌朝は寝不足だった『思い出の修学旅行』」……。こんな失敗談なら、誰でもあるだろう。子どもたちは喜んで聞くものだ。

授業での効果は何？

明るいトーンで子どもたちに接すると、子どもと教室も明るくなる。不思議なもので、子どもたちの発表の声も大きくなり、その表情も豊かになる。

よく笑う集団は仲間意識も育つ。授業での発言で困ったときには、温かい言葉が他の子から出てくる。安心感があるから、発言も意欲的になる。

いわば、授業にとってはプラス面のことばかりだ。

モデルの効果は大きいのである。

2 子どもを育てる言葉をどれだけもっているか

迫力のある「要求」

若い頃に参観した研究授業で印象的だったシーンがある。三〇代の女性教師による六年生の国語の説明文。授業がテンポよく進み、子どもたちの発言も快調な授業だった。その後半、教師が、子どもたちにはレベルが高いと思われる指示した。しかも限られた時間内での作業だ。

数人の子から「エーッ！」という声が上がる。それは「そんなの無理。できないよ……」という反応だった。

即座に担任は力強く言った。

「あなたたちならできるはず！　読み取る力もついている！　無理じゃない！　さあ、始め！」

その迫力に子どもたちは、ハッとしてすぐに作業に取り組んだ。追い込まれた子たちの集中度は抜群だった。さらに一歩高い段階での発表が続いた。

「自分に足りないのは、このような『要求する言葉』だ。認めたり、ほめたりするだけでは不足だ。

発展編2 子どもを育てる言葉をどれだけもっているか

子どもたちを次のレベルに育てるには必要不可欠なのだ」と痛感した。

まずは子どもたちを認めて励ます言葉を

「認めたり、ほめたりするだけでは不足」と言っても、授業で子どもたちにそれすらしない教師もいる。

「よし」「いいね」「その通り」「なるほど」「さすが」「ずいぶん力がついたね」「感心する発表だ」……一時間の授業でどれくらい子どもたちを励ましているだろうか。一度録音して数えてみるとよい。意外と少ないものだ。それが面倒なら、「今の時間、先生にほめられた人?」と聞き挙手させてもよい。これも予想より少ないことが多い。中には教師が「たしかにほめた」という子が挙手していない場合もある。ほめる言葉をかけられても、それが「ほめられた」という実感がなかったのである。

そう考えると「認める言葉」「ほめる言葉」は大量に子どもたちに投げかけたい。それでちょうどよいくらいなのである。

「挑発する言葉」も子どもたちを育てる

子どもたちを挑発することも効果がある。「海の生き物、いくつ言えるかな? 先生は二〇ぐらいは言えるよ。先生に勝てる?」「五年生だったら、この写真からわかること、一〇個はノートに書けるよね」というように投げかけるのである。

「海の生き物をたくさん見つけましょう」「写真からわかることをノートに書きましょう」と指示したときとは子どもたちの意識も違ってくる。

これを使う回数はそれほど多くなくてもよい。むしろ少ない方が、その言葉の存在感を大きくする。ここぞというタイミングで出すのがこつである。

NGワードをもつ

子どもたちを育てる言葉と同時に、「授業では自分は使わない言葉」も教師はもちたい。その言葉を使うことが子どもたちを育てないばかりか、自分の指導力向上にも役立たないというものである。いわば「NGワード」だ。

私の場合は、「静かにしなさい!」と「早くしなさい!」である。これらは日ごろ安易に教師が使ってしまう言葉である。しかし、これらの言葉で子どもたちが伸びることはないであろう。最初のうちは効き目があっても、それは一時的なもの。何度も言っているうちに効き目も薄くなってくる。

「NGワードを使わない」と決めているからこそ、さまざまな工夫をするようになる。休み時間後の授業で子どもたちがざわついていることはよくあるだろう。ここで「静かにしなさい!」と言わずに静かにさせるのである。

たとえば、「全員起立。一斉に読みます」と別の声を出す活動をさせる。最初はとりかかれない子もいるだろうが、途中からは全員で読むようになる。読み終わった後、「早紀さんと健太朗くんがいい声で読んでいました」とはじめから集中していた子をほめる。そして、落ち着いた声で「座りましょう」と言う。子どもたちは静かに座る。

あるいは、「立ちましょう。目と口を閉じて。三〇秒間、黙想」と指示してもよい。ざわざわしていた教室がシーンとなる。子どもたちの心も落ち着く。あとはにっこりと笑顔で授業に入る。

このように「静かにしなさい！」を禁止することで、どのように指導したらいいか頭を捻るようになる。NGワードをもつことは、指導の幅を広げる点で不可欠なのである。

3 学習の約束事は学習スタイルに沿って考える

「動く約束事」と「動かない約束事」

「学習規律」「学習のきまり」として、学習の約束事を決めている学校は多いと思う。

たとえば、「授業が始まるまで学習用具の準備をする」「指名されたら『はい』と返事をして、起立して発表する」「発表する友だちの方を見ながら聞く」といったものである。一つ一つの項目を見ると、「たしかに基本的に子どもたちに指導したい」と思われるようなものばかりだ。これらの約束事がきちんと機能したら、授業もさぞかしスムーズに進行するであろう。

しかし、それらを授業の実際の場面にあてはめてみると、あくまでも「原則」であって、すべてにあてはまるものではないことに気づく。

たとえば、「指名されたら『はい』と返事をして、起立して発表する」というのは、「指名→発表型」の授業の場合である。子どもたちが自主的に起立して発表し合うような授業スタイルではあてはまらない。また、「発表する友だちの方を見ながら聞く」というものも、「友だちの発表をノートにメモしながら聞く」という場合には無理である。

それに対して、「授業が始まるまで学習用具の準備をする」というのは子どもたちに徹底させたい部分である。全員がきちんとできることによって、学級全体として集中した導入段階になる。

こういうふうに考えると、学習の約束事は最初は基本として押さえるものの、その後は粗く二つに分かれるといえる。「どんな授業でも動かないもの」と「授業の流れによって弾力的に扱うもの」である。「動かない約束事」は授業の準備事項に多い。また「動く約束事」は、学習システムや学習技能に関わるものに多い。そして、それぞれに応じた指導をすることが大切になってくる。

約束事の意義と効果を話す

どのような約束事であれ、最初にしなければいけないことがある。

その約束事が学習になぜ必要なのか子どもたちに理解させることだ。教師が説明してもいいし、子どもたちに問いかけながら理解させてもよい。私はいつも後者だった。

たとえば筆入れを机上に出させずに、鉛筆・赤鉛筆青鉛筆・消しゴム・定規を直接机に置かせている教師は多いだろう。私もそうだった。

子どもたちに「なぜそのようにさせるのだと思う?」と問いかける。

「筆入れの中から取ると時間がかかるけど、置いているとすぐに取れる」

「筆入れだと落としたときに、音が鳴ったり、散らばったりする」

「そうそう、隣の人が落とすと拾わなければいけないし……」

というように、その約束事のよさが出てくる。約束事について話し合いをしたり、説明をしたりする効果は大きい。「意味はよくわからないけど、先生に言われたから筆入れはしまおう」と「筆入れをしまうことで、準備のスピードも早くなるんだ」とでは、自ずと守る意識も違ってくる。

「乱れてきた」と感じたときには、「どうして筆入れをしまった方がいいの？」と再度問いかける。先のような反応がまた出てくるであろう。そして、「だから、筆入れをしまいなさい」とビシッと言うだけでよい。その約束事の意義を一度理解していれば、短時間の確認で済むのである。

学習スタイルに応じて約束事を追加する

一度決めた約束事は固定的なものではない。

新たな学習スタイルで行う必要がある場合、その約束事から変化させて構わない。たとえば、一つのテーマについて話し合うときには、自主的に立って発言することを求める。指名はしない。「指名なしで話し合いなさい」がその合図である。これはそれまでの挙手指名型の発表とは違う約束事である。

これについてもその約束事の意義を「指名するよりもスムーズに発言できる」「自主的に発言することと自体が価値あること」というように説明する。

最初はぎこちない。数人同時に立って発言しようとするときには譲り合うことを約束事に加える。

学習の約束事は学習スタイルに沿って考える

さらに、発言に対して反論がある場合には、「反論！」と挙手し割り込みで発言できるという約束事も加える。どんどん約束事が増えていくが、それらは一気に教えるものではない。一つずつ意義を教え、子どもたちが適応できたら付け加えていくのである。

この積み重ねで子どもたちの自主的な話し合いは一か月もすれば何とか形になっていく。それらは、増やしていった約束事がベースになっている。

私は、学習の約束事はその教師独自の方法でいいと考えている。大事なのは、一つの学習スタイルは複数の約束事から成り立っているということを教師自身が自覚することである。

だから、「計算練習させるときの約束事はこれ」「写真や図を読み取らせた後の発表での約束事はこれ」というように、教師がその方法を確立させておかなければいけないと考えている。

「どんな場合も同じ」といったワンパターンの固定した約束事からは、固定化した授業しか生まれないのである。

4 遊び心と教師のわざ

平安貴族の子孫がいる!

教師になってから初めて他校の研究授業の参観に行ったときのことである。

六年生の社会である。「歴史の内容だなあ」と思って授業開始数分前に教室に入って、驚いた。何と平安貴族の衣装を身にまとった子どもが黒板の前に座っているのだ。

「ああ、今日は平安時代の学習をするんだなあ」ということは予測がついた。授業開始後、その子はその衣装のまま一時間授業を受けていた。

担任の先生に聞くと、「平安貴族の衣装を入手したので、『着てみたい』という子に着せた」ということであった。授業そのものもすばらしく感銘を受けたのであるが、同時にこの先生の「遊び心」にも感心した。

聞けばその先生は、社会科関係で授業に関わるさまざまなグッズを集めるのが趣味で、よく子どもたちに見せていたという。「これならば、子どもたちも歴史が好きになるだろうなあ」と感じたものであった。長い教師生活をしているといろいろな遊び心やわざをもった先生に出会う。

・黒板に簡単にイラストをすらすらと描くことができる先生
・習字の時間に「まさに達筆」という文字を書く先生
・即興で退場曲をピアノで弾き、さらに「揃って歩きなさい」と指示までできる先生

子どもたちはもちろん、同僚である私たちもそのわざに感嘆したものであった。

子どもたちが「私たちの先生はすごい」と言うように

教師ならば、子どもたちが「先生、すごい！」というわざを身につけておきたい。それが授業に役立つだけではなく、「教師への敬意」を子どもたちがもつからである。

私自身は小学校時代にそろばんを習っていたので、暗算が得意だった。一級程度のわざなので、そろばんを習っている人からすればたいしたことがない。それでも、三桁や四桁の足し算を暗算で解いたときには、子どもたちから「先生、すごい」と言われたものであった。

「自分にはわざがない」という教師でも、子どもたちを「すごいなあ」と思わせることはそれほど難しくない。知っている昔話を披露したり、子どもたちと一緒にデッサンした作品を見せたり、四七都道府県名と都道府県庁所在地を全部言ったり……というだけでも違うものだ。

そういうわざを授業で気軽に見せる遊び心。子どもたちは担任の先生に敬意を表し、ますます好きになるに違いない。

5 「給食授業研究」のすすめ

「子どもの声を授業に生かす」

研究授業は教師にとって貴重な場である。授業そのものを他の先生方に見ていただき、批評してもらう。ふだん気づかない自分の授業の特徴や改善点を指摘してもらうことができる。

しかし、年間に研究授業がそれほどあるわけではない。年一〜二回という先生が大部分であろう。それよりも気軽に他者から「授業批評」してもらえる機会がある。それは実際に授業を受けている子どもたちである。

もちろん教師と違って授業を客観視して見ることができるわけではない。小学校高学年であればまだしも、低学年であればなおさらである。しかし、授業後の教師の質問のしかたによっては授業では出せなかった本音を引き出すことができる。

「今日の図工でどこが難しかった？」

「リコーダーを吹く人の指が一番難しかった。先生が『本物のようにかきなさい』と言ったんだけど、どうしても本物じゃなくなる……」

こういう子どもたちの声を聞けば、「本物のようにかきなさい」という指示が子どもたちにとってあまり意味がないということがわかる。このようなことは絵をかいている途中には聞けない。授業後だからこそ、聞くことができる本音である。

給食時間がおすすめ

子どもの授業批評を聞くのは給食時間がおすすめである。人間は食事のときにリラックスしている。子どもたちも同様である。気軽な感じで、子どもたちに聞くとよい。

とくに、授業でうまくいかなかった点は子どもたちの発言からヒントを得ることがある。かつて国語の学習でペアで話し合わせたとき、低調に終わってしまったことがあった。研究授業の前日の授業である。「これはまずい」と焦って子どもたちに給食時間に聞いたことがあった。

「どれがいいかをペアで決めなさいと言われても、何をもとにしていいかわからないから決められませんでした」

「そうそう、だからペアで話し合っていてもお互い自信がないから、声も小さくなるし」

「ペアだけではなく、隣近所って言われたらまた別かもしれない」

そのときの給食がおいしかったからか、子どもたちは次々と話してくれた。しかも、それらは「なるほどなあ」と納得ができるものであった。翌日の授業ではペアの話し合いを「近くの人と話し合いましょう」というように変え、成功したのは言うまでもない。

6 学級通信で授業力アップ

学級通信とセットで授業力アップ

授業力アップのために、自分の授業を振り返ったり、新しい実践方法を研究したりすることは大切なことである。

しかしながら、日々の忙しさに、「自分のその日の授業を記録するなんて、とてもできない」「新しい方法も研究したいけど翌日の授業準備だけで精一杯」と愚痴をこぼしたくなる人の方が多いだろう。

さらに管理職から、「この頃学級通信も出ていないね。家庭との連携のためには不可欠だよ」と言われようものなら、「じゃあ、授業準備をしないで書けばいいの?」と反論もしたくなる。

「授業記録」「新しい実践方法」「学級通信」……限られた時間にそれぞれ別個にすることはたしかに厳しい。しかし、これらを組み合わせて行えば一挙両得である。「授業記録を学級通信に書いちゃう」「学級通信のネタの一つとして新しい実践をリストに入れる」のである。二〇代の私もこの方法で授業力をアップしていった。

学級通信に授業記録を載せる方法

方法は難しくない。「明日の通信は国語の短歌の授業を載せよう」と思ったら、いつもより少し教材研究の時間を多めにとる。その短歌の特徴を自分なりにメモしたり、発問の文言をきちんと書いたりしておく。学級通信をパソコンなどで作成しているのなら、メモを打ち込んでおけば作成の手間が省ける。

授業中は子どもたちの反応で記録できるものはとっておく。板書で反応を書いているのであれば、授業終了後にデジカメで撮影するだけでよい。「短歌の解釈を黒板に子どもたちが書く」というような特徴的な場面があったら写真に撮っておく。授業終了時にはノートを集める。ノートチェックがメインであるが、あわせて学級通信に掲載するものをピックアップする。

このような準備をすれば、書く素材は揃っているから、学級通信はわりと容易にできる。最初は一時間近くかかるかもしれないが、慣れてくると二〇分～三〇分で書ける。その時間であれば、一日の中で何とか生み出されるであろう。

もっとも研究授業の授業記録のように、「授業を忠実に再現した記録」は書かないようにする。あくまでも保護者用に加工する。授業を描写するのである。

たとえば齋藤茂吉の「みちのくの母のいのちを一目見ん一目みんとぞただにいそげる」という短歌で「茂吉さんは今どこにいますか」という発問後の反応の描写なら次のようになる。

「1　みちのく」「2　みちのくにいく途中」「3　どこかはなれた所・遠いまち・戦場」の三つが出てきました。

このうち「みちのくは明らかに違う」という意見が出てきました。「みちのくにいたら急ぐ必要がない」というものです。残ったのは2と3。戦場という意見は、「齋藤茂吉さんはいつごろの人ですか」という質問に対して、「昭和の戦争の前から活躍をしていた人です」という言葉を手がかりに子どもたちが思いついたものでした。

どちらに賛成するか考えさせたら、半々に分かれました……。

このような表現なら子どもたちの様子がイメージ化できるので、保護者にも興味をもって読んでもらえる。授業全部は描写できないので、重点的に掲載したい部分だけでよい。

さらに、子どもたちの感想を最後に氏名入りで掲載する。

・短歌にも強調されている所があっていいなあと思った。茂吉さんは母が生きているか、元気な姿がみたいと書いていて、やさしい人だと思った。（聖美）

・短歌はいろいろな意味があって、人の心を表すのですごいと思いました。私も作ってみたいです。（憲太朗）

名前を掲載された子は「あっ、自分の感想が載っている」と励みになるし、保護者も喜ぶ。もっとも実名の出る回数を均等にする配慮は必要だ。どの保護者も我が子の名前には注目している。

最後に、「わずか三十一文字ですが、このように検討していくと、感想にある通り実に奥深いことがわかります。『見えなかったものが見えてくる』……これが学習のおもしろさであり、集団で話し合うことによってより深まりました」と授業の意図について記す。教材研究をしていてメモしておいたものである。

学級通信が授業記録の財産となる

「授業の描写」「子どもの感想」「授業の意図」……学級通信はあくまでも保護者向けの通信であるから、このような加工の工夫は必要であろう。保護者からも、「学校での授業の様子がよくわかります」と好評であった。

さらに、このような学級通信は「授業記録の保存」としても十分に必要条件を満たしていると思っている。授業の意図があり、発問も明記されている。子どもたちの反応の様子も書かれているし、感想は授業評価となる。

私は、このような学級通信を頻繁に発行した。日刊で発行していた学級通信の三割は授業の様子だった。恒常的に授業記録をとり続けていたようなものである。書きながら、授業分析もしていた。「この発問は優れていた。別の単元でも応用できる」「子どもの発言の取り上げ方が今日はまずかった。順番をもっと意識しなければ」といったことを学級通信の欄外にメモしていった。

この方法を使えば、月に二本の授業記録を残せば年間で二〇本以上の記録が残る。これらは同じ学年を担任したときに役立つ。なお、通信には掲載しないが必要な資料（板書の写真やノートのコピー）を同時にファイル化しておけば便利である。

実際に、以前の同学年の学級通信を見ながら追試をすることもあったし、研究レポートを書くときの貴重な資料になった。

自分を追い込む

また、学級通信は「自分を追い込む方法」としても有効だ。

四月の保護者会で「今年は学級通信を百号発行します」と宣言する。宣言したからには取り組まざるを得ない。行事があれば書きやすいが、そんなにあるわけではない。やがてネタも尽きてくる。

そのようなときには毎日の授業がネタになる。力を入れて教材研究をすれば、十分に書くネタになる。当然のことながらそれは自分の力量をアップさせることにもつながる。

また、私は子どもたちの作文もよく学級通信に掲載した。日刊のためには不可欠だった。もちろんキラッと光るものだ。それにコメントを入れて一号に三人ほど掲載した。

作文の得意な子のものは掲載しやすい。しかし、その子たちのものばかり載せているわけにはいかない。全員分を掲載させるためには、必然的に全員の作文力をアップさせなければいけない。そのための指導の工夫を重ねた。

つまり、「学級通信に掲載する」というモチベーションが結果的に子どもの力を高め、保護者にも喜んでもらえたという結果になった。そして何よりも、自分自身の授業力アップにつながったのである。

7 参観授業で保護者の信頼を得る

若き頃の失敗

年に数回の保護者参観授業。保護者がずらりと子どもたちの周りを囲む。ふだんとは違った雰囲気に教師も緊張する。

私自身も若かった頃は参観授業では緊張していた。そのためかたくさんの失敗もした。

初任者としての初めて参観授業。三年生の算数である。

詳しい内容は忘れたが、授業後半になってある女の子が突然発言した。「先生、俊之くんが寝ています！」。女の子の隣の俊之くんを見ると、たしかに手を机の上に重ねて置き、そこに顔を横向きにして寝ていた。私が近寄っても気づかない。声をかけて起こすと学級がドッと大爆笑となった。その後のことは覚えていないが、家の人が来るのに寝てしまうのだから、よほどつまらない授業だったに違いない。

また、五年生を担任したときの社会の参観授業。

真くんを指名したら、ふざけた内容の発表をした。

「いつもなら厳しく注意するが、お母さんが真後ろにいることだし、そのまま別の人を指名しよう」と思ったら、その真くんから「痛い！」という声が聞こえた。何と母親がふざけた発表した我が子の頭を叩いたのだった。思わず周りの子も笑った。私は笑うどころではなかった。そのときにきちんと注意していればよかったと後悔した。

若き日の失敗は痛烈な反面教師として自分の記憶に残る。

この二つのエピソードは、参観授業に対しての準備がいかに甘かったかを物語るものである。「自分の主張したい授業スタイルが反映されているか」「教師としての教育姿勢を授業を通して具現化しているか」……今ならこの二つについて準備をするが、この頃はそんなことを考えられなかった。

「我が子が進んで学習」という場面をつくる

「親は授業参観で、我が子の様子を見にくる」……よく言われることであるが、自分が保護者になって「たしかにそうだ」と実感した。むろん、保護者は教師を見てはいるものの、注目度は我が子の比ではない。たとえ他の子が発表していても、「我が子はどんなふうにして聞いているのか」と思わず見てしまうものである。

となれば、まずは「我が子が進んで学習している」と感じさせることが原則である。教師の立場からすると「全員が積極的に学習している様子を参観していただく」ということである。

私の場合、授業の前半か後半で、全員の活動場面をつくる。二学年以上参観する保護者のためである。たとえば次のようなことである。

・道徳で学習内容に関係のある「お手伝い」について一人一〇秒程度でスピーチする
・国語の物語で前時に書いた感想をグループ内で発表する
・社会で武家屋敷の絵を見て気づいたことを全員一回は発表をする

このような学習であれば、「どの子も学習をしている」様子は伝わる。その点では、ふだんの授業と異なった時間配分となる。意図的に、子どもたちの活動に多くの時間を割く。

また、前日に「明日授業参観の最初に○○について全員ミニスピーチをします」「後半に全員発表させたいと考えています」と学級通信で予告する。「我が子が発表するところを見られなかった」ということにならないようにするためである。

子どもたちの伸びを保護者が実感

全員が活動をするといっても、「調べたことの発表のみ」で授業が終わってしまうのはさびしい。「この先生であれば、我が子も伸びるだろう」と思われる授業を目指したい。言い換えれば、子どもたちの伸びを保護者が実感できる授業である。

私は国語の参観授業で、しばしば詩を題材とした授業を行う。最初、子どもたちはその詩について「意味がわからない」といった見方が多い。それが、発問や指示により、見方がどんどん深まっていく。「わかった！」「そうだったんだ！」という反応を示せば、保護者も納得する。

保護者を巻き込む

保護者に参加してもらうことで、参観授業はより楽しいものになる。

学習内容が、保護者の仕事に関係がある場面にはちょっとした話をしていただく。社会科で果物作りの学習をしているときに、保護者でりんご作り農家の方がいてその苦労をインタビュー形式で話してもらったことがあった。りんごにかける愛情を直接聞くことができ、子どもたちの学習も深まった。

また、話し合いで子どもたちの意見が分かれた場合には、どちらに賛成か挙手してもらうこともある。ただし、突然のことなので負担にならない程度の参加でとどめておく。

参観授業後の保護者会で、「今日の授業はとても楽しくて、一緒に授業に参加してしまいました。私も小学校時代に戻って、先生の社会の授業を受けたかったです」と言われたことがあった。

授業参観での貴重なコメントとして今も大切にしている。そして、そのような授業を目指すべきだと考えている。

8

研究授業ができるのは僥《ぎょう》倖《こう》そのもの

研究授業は「歓迎すべきもの」

研究授業が「好き」という人はそれほど多くはないだろう。何せ準備すべきことが多いし、負担も大きい。教材研究、指導案作成、教具の準備を限られた時間でしなければいけない。それでいて研究会では時として「ここでは、もっと時間をかけて子どもたちに考えさせるべきだったのでは？」と厳しく指摘される場合もある。「だから、研究授業はイヤなんだよな……」と思ってもしかたがない。

でも、「研究授業は勉強になりますか？」と問われれば「イエス」と答える人は多いだろう。負担になった分、そして時間をかけた分、収穫が多くあるからだ。

まず子どもたちに力がつく。三年生の学級活動の研究授業を行ったことがあった。子どもたちが議長をして議題について話し合う学級会の研究授業である。教科の研究授業と異なり教師の出番が少ない。しかも授業時間は週に一時間だけ。計画的に子どもたちを育てていかなければいけない。二か月前から、子どもたちの話す力、議長グループへの指導、教師の助言のしかたを研究した。子どもたちの学級会での運営力はぐんと伸び、それは国語や算数での話し合い活動にも好影響を与えた。「研究授業があったからこそついた力だ」と感じたものだった。

力がつくのは子どもたちばかりではない。教師自身の授業力も向上する。教材や指導方法にかけた時間の分だけ比例してその力は大きくなる。つまり、準備過程で教師が多くのことを学ぶことになり、実践上の自分の財産が増えることになる。たとえ本番の研究授業自体で「失敗」という部分があっても、「なぜ失敗したのか」「次はどうすればいいのか」と考えることである。その時点で「失敗」は失敗ではなくなっている。

「研究授業は子どもと教師に力をつけるためのもの。準備の負担はあるものの、結果的に子どもたちと自分のためになるものだ」……このような「研究授業観」があれば、研究授業はまさに「歓迎すべきもの」になるであろう。どのような結果になっても、得た学びは大きいのである。

次々と研究授業に立候補した

研究授業が価値あるものであっても、その機会は決して多くはない。校内の研究テーマに基づいた研究授業は一年に一～二回程度のものであろう。私自身、二〇代の頃は同じ環境であった。

しかし、「子どもたちや自分のため」と考えたら、「この回数では少ない」と感じた。だから、機会があれば「研究授業をさせてください」と立候補した。市の社会科部会での研究授業、他校から参観者が来校するときの授業、市から指定された道徳の研究授業等々、「これはチャンス」と思った。

校内研究会でも、「今までの反省を踏まえて三学期にまとめの研究授業をした方がいい。よかったら自分がします」と申し出たことがあった。このようにして年に四～五回は研究授業をし続けた。

今は「管理職による授業観察」や「校内研究会で模擬授業」を導入している学校も多いことであろう。それらも研究授業の一つと位置づけると、チャンスは多いはずである。当然のことながら、研究授業と同様に「授業のために力を入れて準備する」「自分の授業批評を聞く」という条件が前提であるが。

事前に子どもを鍛える

「研究授業といっても一時間だけのもの。その日に子どもたちががんばればいい」と話す先生がいた。その先生のふだんの授業は発言する子が少なく活気の乏しいものだったが、研究授業のときには子どもたちがふだんよりはがんばって発表していた。そして、研究授業が終わるとまた活気のない授業に戻っていった。その先生にとって研究授業は「義務であり、その場でしのげればいいもの」という位置づけだったのだ。

何とももったいない話である。先に述べたように、研究授業は子どもたちを伸ばすチャンスである。その日だけではなく、事前からスタートしているのである。

私は研究授業の三～四週間前から準備を開始することが多い。

発展編 8 研究授業ができるのは僥倖そのもの

最初に考えることは、「研究授業での子どもたちの理想像」をイメージすることである。国語の討論場面で子どもたちが次々と意見を言う場面、社会で写真資料について深い読み取りを子どもたちがする場面、算数で自分の解き方を発表し、他の子たちがその解き方のよさを次々と発表する場面……という姿を思い浮かべた。

理想像ができれば、それに近づけるために子どもたちを鍛えるのみだ。「子どもたちの学習技能を鍛える計画」を立てる。たとえば、先の算数の例だったら、「解き方をノートにわかりやすく書く」「解き方の発表力を鍛える」「発表をどのような視点で聞くか教える」といったことをふだんの授業の中で改めて積み重ねていく。今までも取り組んでいるだろうが、「四週間後に研究授業までに力をつける」と子どもたちにも意識化させると、伸びもスピードアップする。

そして、何もその教科だけで鍛えるものではない。発表力であれば、算数だけではなく他の全教科で鍛えることができる。一教科の研究授業の準備が他教科での力にも波及していくのである。

事後も力をつけるチャンス

研究授業が終わったら、一段落である。重圧から解き放たれ、教師もホッとすることであろう。しかし、ここからが、さらに力を伸ばすチャンスなのである。

研究授業後は研究協議会が行われる。そこでは「厳しい意見」に期待しよう。「いい授業だった」と言われ自信をもつことも大事である。だが、「解き方の見通しのもたせ方が甘い。もっと具体的に言わせるべき」といった辛口意見は自分の授業改善にストレートに役立つ。有り難く受け止める。「批判されるのはイヤ」と考えるのは当然であるが、批判する人も必死に考えての発言である。それはまさに良薬なのだ。苦い経験かもしれないが、自分の中にどんどん入っていくであろう。

その研究会の学びはその日のうちに自分でまとめておく。記憶が鮮明だから記録化できることは数多くある。

また、私はよく研究授業を中心として単元の実践を丸ごとレポート化していた。せっかく準備段階から力を入れるのである。記録をとって次に実践するときの参考にするのだ。うまくいった実践なら雑誌や論文に投稿してもよい。研究授業が二倍、三倍にも生きる道である。

おわりに　授業へのこだわりは続く

「ものさし」をもつこと

「『この分野ならあの先生に』と言われるように」……初任のときに校長から言われた言葉である。

一つの分野に秀でることはその道だけのメリットではない。そこで得たものの見方や指導法が他の分野でも応用できる。その分野を核にして、他分野の指導も上達するのである。

自分の場合には、社会科がその分野だった。そして、「社会科を重点的に研究しよう」と研究授業をしたり研究会に参加したりすると自分には欠けているものがわかってきた。それは、「視点のなさ」だった。

研究授業を見る。他の先生が授業について具体的にたくさん指摘できるのに、自分は「子どもたちの発言が活発でした」といった表層的なことしか言えない。教科書を見ても、ありきたりの授業プランしか浮かばない。学習指導案を見ても、「ここをこうしたら」という代案も言えない。すべては、そのものを見るための視点がないからであった。

そこで、ものごとを見るための自分の視点づくりに取り組んだ。授業だったら、「発問」「指示」「板書」「ノート」「活動の方法」「時間」「資料」等、いくつもの視点がある。社会科授業におけるよしあしの基準を自分なりに研究をした。それが自分の授業を見るための「ものさし」になった。

授業だけではない。教科書や資料集の見方、教材開発の視点、学習指導案の観点等、それぞれ社会科を中心に自分のものさしをもつように努めた。これらは努力した分、確実に財産を増やすことができた。

それだけではない。社会科の視点での「ものさし」であったが、それは他教科にも応用できた。考えてみれば当然だ。授業といっても教科による違いはその内容である。発問や指示、板書やノートの原則自体は変わらない。消去法で一つの教科を重点的に研究することが、結局は自分の「ものさし」を早くもつことにつながったのである。

「書くこと」で修業した

自分の授業修業で重要だったと思うのは、自分の実践を原稿にまとめる機会に恵まれたということである。大会のレポート発表や雑誌・書籍の依頼原稿を年に数回書いていた。

とくに雑誌の依頼原稿は授業力向上のために役立った。決められたスペースの中で自分の実践の原稿をまとめる。しかもその原稿は多くの人が読む。そう考えると内容を吟味せざるを得ない。多くの場合、原稿は一～二か月前に依頼される。「その期間は内容を熟慮せよ」ということだと自分は解釈し、二〇代の頃は二ページの原稿に一か月間考え続けるということもしばしばだった。当然のことながら関連文献にも目を通す。書籍代もけっこうかかったが、文献から得た考えや知識がそのまま授業に役立った。

また、依頼原稿の内容には、自分が実践していない分野もあった。社会科関係の依頼原稿で初めて書いたのが、「社会科教育」（明治図書）誌の「『数量化』で社会科授業はここまで変る」という特集テーマだった。自分は伝統産業学習の分野についてまとめることになっていたが、それまでこの分野での数量は意識したことがなかった。依頼原稿を断ることも考えたが、「これは自分に『この分野を勉強しなさい』という依頼なのだ」と思い、引き受けた。

インターネットのない時代である。数値が入った資料探しに苦労したが、全国の伝統工芸品に関する冊子を関係団体から届けてもらったり、輪島塗の共同組合に電話取材をしたりと文献探しの方法について学ぶことができた。また、書く内容は決まってもどのように表現したらいいのか今度は悩んだ。改めてそれまでの「社会科教育」誌のバックナンバーを読み、「この人のような書き方なら読み手に伝わる」と思われるものを真似て書いた。

何とか書き終えて発送したときには、「大仕事」をした気持ちだったのを覚えている。たった一本の原稿ではあるが、完成させるまでのプロセスで依頼テーマの内容だけではなく、教材研究の方法やわかりやすい書き方についても学んだのである。これはそのまま教材研究や指導案執筆のために役立った。

書籍や雑誌の原稿依頼、研究レポートを書く機会があったら、たとえ自分が実践していない分野でも引き受けることである。その取り組みのプロセスを充実させることにより、授業修業になるのは間違いない。

習慣化すると力になる

いくらベテランになっても、授業を受け持っている限り授業の準備は怠ることができない。しかし、ベテランになればなるほど校務の負担は重くなっていく。準備の時間も限られてくる。

そこで私は、「すき間時間は教科書を読む」ことを習慣化した。会議前の待ち時間、事務仕事の合間等、一日の間にすき間時間は必ずあるものだ。そのときにサッと読む。力を入れている社会が多かったが、時間数の多い国語や算数も持ち歩いていた。

読むところは、翌日の授業だけではない。次の単元やもっと先の単元まで見通して読む。すると、教材発掘のアンテナが広がる。「今日のテレビ番組では沖縄の特集をしている。そういえば三学期に沖縄の学習をするなあ。使えるものがあるかもしれない。録画しよう」というように頭が働くのである。

「管理職になる」という選択

教師生活二四年目で管理職（教頭）になった。教師生活も折り返しをすぎると自分の行く末を考える。おぼろげながら、「自分はずっと授業実践をしていく。そのためには担任を続けるのが一番ではないか」と思っていた。

しかし、四〇代になってから、すばらしい管理職の方々とお会いする機会が増えた。

ある校長先生は、学校経営もすばらしいが授業について語りだしたら止まらない。今も専門である数学の模擬授業や講演がしばしばあり、情熱をもって数学教育の研究に取り組んでいる。

また別の校長先生は、学校において「授業道場」を開き、教員の授業力の育成を図っている。先生方の授業を参観し、しっかりと指導するのである。若手教員はぐんぐん伸びていく。

また、身近な先輩から「管理職は『人を育てる』というやり甲斐のある仕事。教師が育てば子どもも育つ。苦労する部分もあるが、担任とは違った貢献に喜びも多い」と管理職になる価値を言われたこともあった。

皆さんに共通しているのは、かつて担任時代にすばらしい授業実践者だったり、見事な学級経営をしていたりということだった。そこで学んだことを後輩たちに還元し、残された教員人生を教育界の発展のために捧げるという意識だった。そして、管理職となったから授業研究と離れるのではなく、自分の立場でできる授業研究を積極的に推進しているということに共感を覚えた。

そして、「管理職になることは授業研究から離れることではない。授業は受け持たないかもしれないが、授業研究自体は続けられる。よし、『授業に強い管理職』になって学んだことを還元していこう」と決意した。

今も授業研究

若手のうちは努力をすれば授業力がぐんぐん伸びる。研究授業を繰り返すたびに、「今回の収穫は発問の種類が増えたこと」「子どもたちの話し合いでの発言、前より深まってきた」というように具体的な手応えを感じるものだ。「授業力向上」というのは、大きな喜びであり、さらなるステップへの意欲づけになった。

やがて「ベテラン」と言われるようになり、一定のスタイルを授業でもつようになる。授業自体は安定する。研究授業自体も年に一回程度になり、新しくチャレンジするような実践もしなくなる……このようになれば危険信号である。

ある程度の授業力がついてもそれを維持するための努力を怠れば、授業の腕は下がるだけである。何もしないのに「現状維持」ということはない。「指導力不足」と認定された教員の多くは四〇代、五〇代のベテランだったという話も聞く。

管理職のメインの仕事は授業をすることではない。しかし、私自身の授業の腕を鈍らせないためにも授業にはこだわっていきたいと思っている。そのために、必要な授業は受け持ち、担任不在のときには喜んでその学級に入っている。先生方と授業のディスカッションをすることも大好きだし、授業関係の書籍は読み続けている。

担任ではないので、他の人の授業を見る機会は増えた。場合によっては、アドバイスを求められる。今までの自分の知識をフルに使って話せることを話す。参観して、「すばらしかった」と思われる授業から学ぶことは当然多い。逆に、「順調にいかなかった」というケースでも、「なぜうまくいかなかったのか」と考えることによって授業の原則を再確認したり、提案力を伸ばしたりすることができる。他の人の授業を参観すること自体が、自分の授業研究の幅を広げる。

担任ではないので「担任として研究授業」自体はなくなったが、今も模擬授業・取材授業の依頼が来る。「授業力アップのチャンス」ととらえて、研究授業のときと同様に素材をあれこれ考えたり、教材研究を深めたり、発問・指示を吟味したりして当日に臨む。わずか一〇分程度の模擬授業でも、そこに至るプロセスから自分が学ぶことは多い。これも今の立場でできる授業研究である。

自分自身が歩んできた教職という道も、とうに折り返しを過ぎ、ゴールを意識しなければいけなくなってきた。どのような立場であっても、そのゴールまで授業研究は続くであろう。授業について研究することが、自分の生き甲斐であり、自分の人生を充実させてくれたもとだった。今後もその道は続くのである。

本書は、二〇一〇年にひまわり社から発刊された『「力をつける授業」成功の原則』に加筆修正したものです。一時は絶版になる予定だったものを、株式会社フォーラム・A企画のご厚意により再び陽の目を見ることができました。

再発刊に際しては矢田智子さんに大変お世話になりました。感謝申し上げます。

著　者●
佐藤正寿（さとうまさとし）
1962年、秋田県生まれ。
1985年から岩手県公立小学校に勤務。
現在、岩手県奥州市立常盤小学校副校長。
「地域と日本のよさを伝える授業」をテーマに社会科を中心に管理職になっても授業づくりに取り組んでいる。
ＩＣＴ活用も研究中。
ホームページ　http://homepage2.nifty.com/masa555satou/index.htm
ブログ　http://satomasa5.cocolog-nifty.com/
Email　msts5sato@nifty.com

著　書●
『思わず発行したくなる学級通信のアイデア40』
『おいしい！授業70のアイデア＆スパイス３・４年』（以上、フォーラム・A）
『スペシャリスト直伝！社会科授業の成功の極意』
『プロ教師直伝！「教師力」パワーアップ講座－０からプロになる秘訣23箇条』
（以上、明治図書）他

小学校
必ずうまくいく　スリー・ステップでものにする授業のすご技34

2015年8月1日　第1刷発行

著　者
佐藤正寿©

発行者
面屋龍延

発行所
株式会社フォーラム・A

〒530−0056　大阪市北区兎我野町15−13
TEL（06）6365−5606／FAX（06）6365−5607
http://foruma.co.jp/　郵便振替00970−3−127184

イラスト／かたおかともこ
印刷・製本／モリモト印刷株式会社
ISBN978-4-89428-789-1　C0037

乱丁・落丁本はお取替えいたします。定価はカバーに表示してあります。